種牡馬秘宝館

血統力絞り出し！

水上学

KKベストセラーズ

血統力絞り出し！ 種牡馬秘宝館

目次

装丁デザイン・本文DTP◎橋元浩明（sowhat.Inc）
写真◎高橋章夫、野呂英成、武田明彦、123RF
名称・所属・データは一部を除いて2018年3月1日現在のものです。
成績は必ず主催者発行のものと照合してください。
馬券は自己責任において、購入お願いいたします。

序章

秘宝館

血統馬券の新金脈か キタサンブラック検証

異端の怪物？　キタサンブラック徹底解剖

2017年12月24日。キタサンブラックが人気に応えて有馬記念を制し、有終の美を飾りました。この勝利で史上最高賞金獲得馬となり、日本競馬史に不朽の名を刻んだことになります。

しかしこのキタサンブラック、仔細に見ていくと王道の成績とは裏腹に、むしろ異色の名馬だったといっていいでしょう。

キタサンと匹敵する成績を挙げた過去の歴史的名馬たち——シンボリルドルフ、テイエムオペラオー、ディープインパクトらと比べて何より違うのは、彼ら同様、三冠すべてに出走しながらも、その三冠戦（クラシック）で、一度も上位3番人気以内に支持されたことがなかったということ。

また三冠のうち、ダービーでは14着と二ケタ着順の大敗経験があること。

さらにオルフェーヴル、ジェンティルドンナ、ジャスタウェイ、サトノダイヤモンドなど近年の名馬と比べると、近年の社台系クラブ馬全盛の時代にあって、非社台系で日高の生産馬、個人オーナーというあたりは反主流派といえるものでした（サトノは個人オーナーですが）。

と同時に、この馬には、一定の評価をしていた人でも感じざるを得ない、瑕疵《かし》のようなものが常につきまとっていました。

それが「母の父サクラバクシンオー」ということからくる、距離の限界説。ダービーを大敗したことで「やっぱり母父バクシンオー」という声は強まったものです。その声をハネのけて菊花賞を勝っても、まだ偶然とか展開利だとかの声が出ていました。

かくいう私も、菊花賞の予想番組で「さすがにアタマはムリだろう」とで発言し、恥をかきながらも、競馬でたまに見られる〝血統の常識を超えたラッキーな側面の強い勝利〟という納得の仕方をしていました。

いや、私だけでなく、菊花賞時点では、とてもこのような功績が残せるとは思えなかった人が大半だったと断言します。

しかし、キタサンブラックはこの後、スタミナが必要な舞台での有馬記念で、速い流れで終始レースの主導権を握り、負けてなお強しの走りで僅差3着に粘り込みます。

翌年からは天皇賞春を連覇。私の安直な考えを実績でねじ伏せてみせました。ちなみに、このことで、血統不要論者はにわかに勢いづいた感もありました（苦笑）。

私も長い間、血統を軸に競馬を見てきた手前、この馬の正しい解釈ができなかったことを恥じ入る一方で、改めて「血が伝えるもの」とは何なのかを考えさせられたものです。果たして、キタサンブラックは本当に血統における異端児だったのでしょうか。

そもそも、私を含めて大半の人が錯覚したのは、「父サクラバクシンオー」なのではなく、「母の父サクラバクシンオー」であることを真剣に考えなかったことです。

バクシンオーがなまじ内国産馬で、現役時を間近に見ていたからこそ、スプリンターのインパクトが強くて目を眩まされたのですが、**父と母父を同様に見るのはとても危険であること**は、実は簡単にわかることでした。

例えば、あのテイエムオペラオーの母の父であるブラッシンググルーム（仏国産）は、現役時の最も長い距離の勝ち鞍が１６００ｍで、１２００ｍのＧⅠ勝ちもあった馬でした。

そもそもキタサンブラックの半兄ショウナンバッハが中距離馬なのはご存知の通りですし、またブラックタイドの全弟ディープインパクトの産駒で、母父サクラバクシンオーという配合のアデイインザライフは、２０００ｍのスペシャリスト的な馬でした。

つまり、父ならいざ知らず、母の父がスプリンター寄りだからといって、即距離が持たないと決めつけることは、過去

<table>
<tr><td rowspan="4">ブラックタイド
2001年　黒鹿</td><td rowspan="2">サンデーサイレンス
1986年　青鹿 (米)</td><td>Halo
1969年</td></tr>
<tr><td>Wishing Well
1975年</td></tr>
<tr><td rowspan="2">ウインドインハーヘア
1991年　鹿毛 (愛)</td><td>Alzao
1980年</td></tr>
<tr><td>Burghclere
1977年</td></tr>
<tr><td rowspan="4">シュガーハート
2005年　鹿毛</td><td rowspan="2">サクラバクシンオー
1989年　鹿毛</td><td>サクラユタカオー
1982年　栗毛</td></tr>
<tr><td>サクラハゴロモ
1984年　鹿毛</td></tr>
<tr><td rowspan="2">オトメゴコロ
1990年　栗毛</td><td>ジャッジアンジェルーチ
1983年　栗毛</td></tr>
<tr><td>テイズリー
1981年　鹿毛</td></tr>
</table>

の事例からもあまり根拠のないことだったといえるわけです。

さらに、キタサンブラックの雄大な馬格は、母父サクラバクシンオーを経由して、その父サクラユタカオーにさかのぼるラインから継承したものとしか思えません。

とすると、キタサンの驚異の持続力と自在性、操縦性の高さは、サクラユタカオーの現役時を見ていた人なら納得できるはずです（ユタカオーのファンだった自分がなぜ気づかなかったのか……）。

加えて見逃せないのは、父ブラックタイドが、ディープインパクトの全兄であること。

もちろん、全兄弟だからといって同一視するのはナンセンスですが、ディープの持つ形質の何割かは確実に有していているわけで、現役時の成績の大きな差をもって、種牡馬としてディープより大きく劣ると判断してはいけないということになるわけです。

マイナー種牡馬の逆襲が始まった

さらに興味深いのは、改めてキタサンブラックという馬を眺めてみると、今後の競馬のカギとなるようなことがいくつか隠れていることに気づかされることです。

そのひとつが、ここまで述べてきた「母方の血の作用」。

そしてもうひとつ大事なことは、ブラックタイドのように、競馬界やファンからはマイナー視されているけれど、**本質的には優秀な、陽の当たらなかった種牡馬**の存在です。これは父馬だけでなく、母父馬についてもいえることです。

日本では、今なら例えばサンデーサイレンス系のように、「寄らば大樹の陰」のごとく主流となっている血統に集中して生産してしまうために、その系統の牝馬が数年後に飽和。配合できる父馬に同系をかけ合わせることができず、新しい父系を探すということが10年サイクルくらいで続いています。

その新しい父系の金脈も今は尽きてきて、かつて、それも20年以上も前に日本で成功していながら、今や**マイナーとなった系統の導入や復権が、下級条件の種牡馬でかなり目立ってきている**のです（ブラックタイドは大メジャー血統ですが、日高繋養と成績の乏しさでマイナー視されていたため、それほど実績のない牝系にも気軽につけられたという点で近いものがあります）。

代表的なのが、現状は成功しているとはいいがたいものの、ノヴェリストの導入です。この馬が属するブランドフォード系は、1970年代中盤の日本で、長距離血統の代表格としてパーシアという種牡馬を中心に人気があった系統です。当時は、単に英国ダービーの勝ち馬がこの系統から続いて出たことを受けての安易な導入だったと記憶しています。

また、ノヴェリストまでマイナー系に寄らなくても、90年代前半にナリタブライアン、マヤノトップガンで天下を取りかけたロベルト系にも、復権の兆しが見えます。

この系統からはスクリーンヒーローを経てモーリスが出ましたし、シンボリクリスエスを経てのストロングリターンは小粒ながら予想以上に産駒を走らせています。母の父としてはインティカブやマヤノトップガンがそこその成績を挙げ、ダートではフリオーソも頑張っています。

この傾向の追い風となっているのが、近年の**馬場の改修**ではないかと睨んでいます。

芝については、一時の高速化への反省なのか、路盤を柔らかくしたり、芝を長めに設定したりして、柔らかめのパワーのいる馬場、つまり昔の馬場と似たコンディションに近づけてきています。

ということで、かつて活躍していた血統が再度走れるための舞台が、少しではありますが広がってきているのです。

社台SS→日高にリリースされた種牡馬に狙い目が！

ブラックタイドということでいえば、全弟ディープインパクトがいるために、そしてGI勝ちもないために社台スタリオンSに入れず、日高のブリーダーズスタリオンSに繋養されたという背景があります。

つまり、良血種牡馬が日高の生産を活性化させた代表例がキタサンブラック、という見方もできるのです。

これはことブラックタイドに限らず、社台スタリオンSをリリースされて日高に来た種牡馬たちが、これまでとは違う地味ながらしぶとい牝系に付けられることで、埋もれかけた牝系を掘り起こす可能性が出てきたと考えることもできます。

最近ではシンボリクリスエス、ゼンノロブロイ、ネオユニヴァース、ヴィクトワールピサなどが社台スタリオンSから日高に移ってきました。これらの種牡馬の産駒が、GⅠとはいかないまでも、ダートも含めて上位条件やGⅢあたりで走る馬をコンスタントに送り出してくることもあり得ます。

馬券ファンにとって楽しみなのは、こうした種牡馬の産駒はディープインパクトやハーツクライ、キングカメハメハ産駒などの影に隠れてしまいがちなので、人気になりにくいこと。馬券という意味での、新たな金脈になる可能性があるといってもいいかもしれません。

17年は、全24鞍ある平地GⅠのうち、キタサンブラックに負うところが大きいとはいえ、日高の生産馬が9勝、旧8大競走でも5勝、クラシックは2勝を収めています。そしてディープインパクト産駒はわずか3勝止まり。種牡馬界が転換点に近づいていることは間違いなさそうです。

だからこそ、ここ何年かは特に、種牡馬から見た競馬が面白いことになりそうな予感がします。加えて、19年夏からは降級制度も廃止されます。これもまた生産界に影響を与えそう。そのあたりのことは、この本の最後に少し書いてみることにします。

水上　学

■「種牡馬秘宝館」のご活用にあたって

本書は、2017年まで5年に渡って刊行してきた『種牡馬戦略SUPERハンドブック』を基に、より実戦に役立つように生まれ変わらせたものです。

馬券に特化し、今の中央競馬で「カネになる」種牡馬を厳選。それぞれの種牡馬のタイプに合わせて、強調すべきデータを選んで提示しています。これまで〝秘中の秘〟としてきたお宝馬券への近道データを満載、だから「秘宝館」というわけです。

〈各章の内容について〉

第1章では狙いと軽視のポイントがハッキリしている、出走数の多い種牡馬について。

第2章では、多少の例外には目をつぶって、黙って買いといえるレベルの買いポイントがあるピンポイント種牡馬を。

第3章では好走確率は低くても、追いかけていると爆穴を獲れる可能性のある種牡馬を。

第4章は、まんべんなく走る傾向のある一流種牡馬から、人気となったときの思わぬ弱点、意外な好走ポイントを。

第5章は、ある意味、現在私が最も注目している「母の父買い」の有効ポイントを。

第6章は、18年産駒をデビューさせる新種牡馬のプレビューと2歳戦の攻略データ。以上の構成となっています。

さらに詳しい趣旨については、各章の冒頭部分に書いたのでご一読ください。

〈血統力絞り出しメーターについて〉

そして、本書で導入したのが、「血統力絞り出しメーター」。これについては、担当した競馬ライター野中香良さんに解説してもらいましょう。

「血統力絞り出しメーター」とは、「政治騎手名鑑」シリーズの著者である樋野竜司氏が考案した「馬力（うまりょく）絞り出しメーター」を血統版に応用したものです。

樋野氏は騎手の実力＝腕を比較＆可視化するため、まずオッズを「騎乗馬の疑似能力」と定めました。

なぜなら、オッズは馬券ファンの投票行動から積み上げられた〝集合知〟であり、オッズと好走率には明確で揺るぎない相関関係（オッズが低いほど好走率が高まる、など）があるからです。

「政治騎手名鑑」では、各騎手のオッズ帯ごとの成績を精査すれば「騎乗馬の能力に見合った結果を残せているかどうか」を判定できるのではないかというコンセプトで数値化し、誕生したのが馬力絞り出し率。これを騎手ではなく、種牡馬を対象としたのが、本書というわけです。

例えば、単勝1～1・5倍未満の勝率は、データ集計期間の過去3年で約64％あります。同オッズ帯における、某種牡馬の勝率が80％なら、堅実に勝ち切っているというのがわかることでしょう。逆に30％であれば、信頼できない数字ということになります。

具体的に説明することにしましょう。表はディープインパクトの血統力絞り出しメーターです（P16～17）。

ディープインパクト産駒は単勝1・0～1・4倍のオッズ帯に61頭が該当していました。このオッズ帯での全体勝率（平均勝率）は63・8％なので、該当数「61」×全体勝率「63・8％」を掛けた**「38・918」**というのが推定勝利数（平均的な場合の勝利数。表では「人気なり勝利数」となっている。その勝率が「全体勝率」。連対、複勝率も同様）ということになります。

しかし実際には**40勝**を挙げているので（表中では省略）、ディープインパクト産駒は1・0～1・4倍のゾーンにおける勝利数は、「人気なり勝利数」を少し上回っているということになります。

これは「実勝率」>「全体勝率」で表され、ディープインパクト産駒は、「人気なり勝利数」を上回っている勝率（勝数）となっているのは、「1・0～1・4倍」「1・5倍～1・9倍」「20・0～29・9倍」「30・0～49・9倍」の4ゾーンしかないことを示しています。

そして、各オッズ帯から弾き出されたトータルの想定勝利数は「７５０・８６７」。つまり、ディープインパクト産駒はオッズを考えれば、５８６０頭で７５０勝ないしは７５１勝しなければいけない計算。ところが実際の勝利数は６８９勝というもの。想定の92％しか勝てていないということを示しています。

連対率、複勝率も勝率と同じ方法で計算しています。するとディープインパクト産駒は、想定される複勝数は「１９５８・５１４」というもの。つまり、１９５９頭が３着以内に入ってなければ平均以下ということになるのです。ここも実際は１９０６頭と１００％を割っています。

結果、ディープインパクト産駒は、名前だけで過剰人気になっている可能性が高いと見られます。

「実際の勝利数（連対数、複勝数）」がこの「想定（人気なり）勝利数（連対数、複勝数）」よりも多い

※メーターの集計期間はいずれも2015～17年の3年間

全体連対率	人気なり連対数	実複勝率	全体複勝率	人気なり複勝圏数
82.3%	50.203	91.8%	89.6%	54.656
66.6%	155.178	79.0%	78.8%	183.604
53.0%	257.58	65.8%	67.0%	325.62
42.8%	218.708	55.6%	56.7%	289.737
33.8%	152.776	45.8%	47.7%	215.604
27.4%	187.69	40.3%	40.2%	275.37
21.1%	132.297	30.3%	32.9%	206.283
16.1%	104.328	24.1%	26.0%	168.48
11.4%	48.108	17.5%	19.5%	82.29
8.6%	41.882	15.6%	15.2%	74.024
5.3%	25.97	11.6%	10.3%	50.47
3.1%	13.826	4.5%	6.0%	26.76
0.8%	2.496	1.9%	1.8%	5.616
実連対数	**想定連対数**		**実３着以内数**	**想定3着以内数**
1327	1391.042		1906	1958.514
	95%			**97%**

場合、「産駒の能力以上の力を絞り出している」ことを表し、逆に**「実際の勝利数」が「想定（人気なり）勝利数」より少ない場合はとりこぼしが多い**と判断できるといっていいでしょう。

オッズを指標としている意味では、単複回収率が挙げられます。もちろん、100％を超えていれば優秀なのは間違いないものの、種牡馬によっては、一発で率を上げてしまう場合も少なくありません。

例えば、30頭出走し単回率200％だった種牡馬がいたとしましょう。6頭が勝ち上がっての200％と、たった1頭の勝利により単回率が200％といった場合、パーセンテージが同じでも意味合いが異なっているのがわかるはず。

絞り出しメーターでは、各オッズ帯の全体勝率も算出しているため、より細かく種牡馬の人気別成績が捉

ディープインパクト●血統力絞り出しメーター

単勝オッズ	該当数	実勝率	全体勝率	人気なり勝利数	実連対率
1.0～ 1.4	61	65.6%	63.8%	38.918	90.2%
1.5～ 1.9	233	47.6%	46.4%	108.112	70.0%
2.0～ 2.9	486	28.4%	31.8%	154.548	48.4%
3.0～ 3.9	511	21.3%	23.8%	121.618	42.7%
4.0～ 4.9	452	14.6%	17.1%	77.292	30.3%
5.0～ 6.9	685	13.0%	13.3%	91.105	27.6%
7.0～ 9.9	627	8.9%	10.0%	62.7	19.0%
10.0～14.9	648	4.9%	7.0%	45.36	13.4%
15.0～19.9	422	3.3%	4.4%	18.568	8.8%
20.0～29.9	487	3.9%	3.4%	16.558	10.5%
30.0～49.9	490	2.2%	2.0%	9.8	5.5%
50.0～99.9	446	0.7%	1.2%	5.352	1.8%
100.0～	312	0.3%	0.3%	0.936	0.3%

左：実際の成績　右：人気なり成績 →	実勝数	想定勝数
	689	750.867
		92%

えやすいのです。

実は単複回収率と同じ目安は、絞り出しメーターでも判断できます。「絞り出し率101％」の種牡馬でも、各オッズ帯別の数値を精査することで、「人気サイドで結果を残している」「穴馬での絞り出しが多い」といった、細かい特徴を見つけることができるのです。

「勝利数」以外にも「連対数」「複勝数」も算出したのは、「アタマは取りこぼすけど、3着以内には持ってきてくれる」とか「1着か着外かのピンパー傾向」といった傾向を浮かび上がらせるためです。

ディープインパクト産駒は勝利数こそ想定の92％ですが、連対数は想定の95％、複勝数は97％というように、勝ち切れていないものの、2、3着なら平均的な率（想定数）に近づいていることを示しています。

また今回の絞り出しメーターは、ここで取り扱うすべての種牡馬について算出するのではなく、1章から3章に掲載の39頭を掲載しました。

キングカメハメハやハーツクライ産駒などの王道？　種牡馬について知りたい場合は、水上学のブログ「白線の内がわ」でキャンペーンを行なった際に配布する予定ですので、ブログをこまめにチェックしてください。

どちらにしても、この絞り出しメーターを見ているだけでも、種牡馬の人気ごとによる激走率が浮かぶはず。思わぬ種牡馬の特徴を捉える一端となるはずです。

〈データの扱い方の方針について〉

データ集計の対象期間は、第5章を除き、特に断りのない限り「2015年1月〜17年12月末日まで」の3年間となっています。対象レースは「JRAの平地競走」となっています（第5章は18年2月18日まで）。

毎回、短いタイムスパンを採用している理由を説明していますが、初めてお読みになる方に向けて、改めて今回も持論を述べさせていただきます。

一般に、集計期間の長いデータのほうが、サンプルの多さを理由に信頼されがちな風潮がありますが、こと競馬に関しては、私はその見方にかねてから疑問を感じていました。

統計学上の問題はさておき、馬券や予想という見地からは、サンプルが多くて収束し切っているデータは、まったくオイシクないからです。

収束する前の数字、今後どういう方向へ動いていくかわからない傾向を人より先に探して、その行方を占うこと。あるいは、単純に誰もまだ気づいていないであろう傾向を判別すること。簡単にいえば、他人に先駆けて金脈を見つけること。それこそが、競馬予想におけるデータの使い方だと思うからです。

その意味では、5年10年のスパンで定着している数字は、過去の蓄積に引っ張られすぎてしまい、これからの予測をするうえで邪魔になります。だからこそ、近3年という短い集計期間にこだわったのです。

また、競馬界では毎年のように新種牡馬がデビューしてくるので、その影響も考慮しなくてはなりません。その新種牡馬に、従来の種牡馬がこれまでのシェアを喰われてしまえば、新種牡馬がデビューする前のデータが累積している状態では、近い将来の変化が紛れてしまうことは自明の理。

つまり数字をそのまま扱っても、それは今を表すものではありません。数字から何をどう推測するのか。ここに、データを予想に役立てる本質があると思うのです。

その他にも、例えばコース別の成績データなどは、特定の1、2頭のコース巧者が挙げた数字なのか、あるいは数頭の異なる産駒が挙げたものなのかによっても意味が変わってきます。

前者よりも後者のほうが、コース適性を強調するにふさわしいのはおわかりでしょう。本文には逐一、そうしたチェックを記載しています。

なお、この本で取り扱っているのは、あくまでも**集計期間内における成績**です。通算データではないので、その点はくれぐれもご注意いただきたく思います。

秘宝館1

血統馬券の主役13頭

買い消しの掟

アグネスデジタル
エイシンフラッシュ
エンパイアメーカー
オルフェーヴル
カネヒキリ
サウスヴィグラス
スクリーンヒーロー
ステイゴールド
ダイワメジャー
タニノギムレット
ヘニーヒューズ
マンハッタンカフェ
ロードカナロア

アグネスデジタル

ミスタープロスペクター系

●代表産駒

♂…ヤマニンキングリー(札幌記念、シリウスS、中日新聞杯)、ドリームシグナル(シンザン記念)、ダイシンオレンジ(平安S)、アスカノロマン(東海S、平安S)、ユビキタス(ユニコーンS)、カゼノコ、モンドクラッセ

♀…サウンドバリアー(フィリーズR)、グランプリエンゼル(函館スプリントS)、メイショウスザンナ(クイーンS)

芝・ダ二刀流の名馬も配合相手に恵まれず……

現役時代のアグネスデジタルは、ご存知のように芝・ダート、国内外問わず走りまくり、距離もマイルから中距離まで広くカバーしました。

血統背景はとても優れており、祖母アリカンスは、大種牡馬ブラッシンググルーム(テイエムオペラオー、マヤノトップガンの母父)の半妹という良血。

当初はかなり線が細く、体幹が定まらない時期が長かったそうで、固まったのは3歳秋以降。そこからの急激な本格化は目を見張るものでした。

これだけクロスオーバーした名馬は、日本競馬史にはあとはタケシバオーがいるくらい。史上に残るスーパーホースの1頭であり、現役時の実績を見れば、種牡馬としてもっと高く評価されて然るべ

きでしたが、クラシック級を出せないまま20歳の大台に乗ってしまいました。

種付け頭数も２０１２年までは大半の年で年間１００頭をキープしていたのですが、以降は減少の一途をたどり、17年はとうとう26頭。これでは、今後悲願のＧＩ馬を出すことは無理でしょう。

それでいながら、種牡馬として２世代目の産駒を送った08年以降、17年までＪＲＡの総合サイアーランキングで20位台を守っているのは種牡馬能力の高さの証明です。

サンデー系牝馬との相性がよいこともその大きな理由で、代表産駒の中ではヤマニンキングリー、ドリームシグナル、メイショウスザンナ、グランプリエンゼルなどが母父サンデーサイレンスの配合です。

それだけに、同系の優秀な繁殖牝馬がもっと多く回ってくれれば、大物を数頭出すことは可能だったと思います。この点がかえすがえすも不運でした。

このように種牡馬能力が高いので、いくら配合相手が地味でも、ツボにハマれば一発があります。特に速い流れとなりやすい舞台での追い込み、厳しい流れの展開での粘り込みが持ち味で、ハイペースが予測できるレースでは要注意です。
●狙えるポイント１【札幌ダート】→距離を問わない。
●狙えるポイント２【中京ダート】→１２００ｍはむしろ消していいくらい。１８００ｍで最も信頼できる。単勝回収率１５９％、複勝回収率１３５％。

●狙えるポイント3【京都ダート】↓1800、1900mでの安定度が高い。馬券には常に一考。1800mは単勝回収率112%、複勝回収率138%。

●狙えるポイント4【芝なら中山】↓季節を問わない。特にマイル〜2000m。単勝回収率215%、複勝回収率173%。ラッシュアタックやオウケンブラックが好サンプル。

×軽視するポイント【福島ダート、新潟ダート】↓まったくダメなわけではなく、なかなか勝てないという意味での軽視。（血統力絞り出し表P62〜63）

アグネスデジタル●札幌ダート成績

距離	1着	2着	3着	4着以下	勝率	連対率	複勝率
1000m	3	0	3	7	23.1	23.1	46.2
1700m	5	3	3	13	20.8	33.3	45.8

アグネスデジタル●中京ダート成績

距離	1着	2着	3着	4着以下	勝率	連対率	複勝率
総合	7	8	5	55	9.3	20.0	26.7
1200m	0	0	1	16	0	0	5.9
1800m	5	7	4	16	15.6	37.5	50.0

アグネスデジタル●京都ダート成績

距離	1着	2着	3着	4着以下	勝率	連対率	複勝率
1800m	9	10	9	51	11.4	24.1	35.4
1900m	3	1	2	11	17.6	23.5	35.3

アグネスデジタル●中山芝成績

	1着	2着	3着	4着以下	勝率	連対率	複勝率
総合	4	2	6	20	12.5	18.8	37.5

アグネスデジタル●勝てないコース成績

コース	1着	2着	3着	4着以下	勝率	連対率	複勝率
福島ダート	1	4	5	48	1.7	8.6	17.2
新潟ダート	2	4	5	57	2.9	8.8	16.2

エイシンフラッシュ

ミスタープロスペクター系

●代表産駒

♂…コスモイグナーツ、エイムアンドエイド、イルルーメ

♀…アーデルワイゼ

意外や意外！　仔たちはスピード、瞬発力不足

父キングスベストが日本に輸入される前に、ドイツで生産された持ち込み馬でした。母ムーンレディは独セントレジャー勝ち馬、叔母ミッドナイトエンジェルは独オークス2着馬という名門です。

ドイツ馬といえば、まず想定されるのがタフさ。この馬もその例に漏れず、2歳7月という早期デビューから、引退の6歳末まで大きな衰えを見せませんでした。

最も象徴的だったのは、3歳1月の京成杯を勝った後、鼻肺炎という病気に冒されて皐月賞へぶっつけ本番となりながら、3着と激走したこと。この時点で、上積みを考慮すればダービー制覇は約束されていたのかもしれません。

重厚な血統配合としては意外なことに、上がりの速い決着にやたら強い馬でした。

ダービー以降、自身の上がり3ハロンが33秒台をマークしたレースは6回あったのですが、5連対

で3着1回とほぼパーフェクト。上がりの出にくい中山2500mの有馬記念でさえ、33秒6で上がって2着に入っていました。

ドイツ馬＝パワーの印象があり、さすがに中山での好走は上がりがかかってのものと思い込んでいましたが、今さらながらこの馬の特質が、「スローペースからの後半持続力比べ」にあったことを思い知らされました。

種牡馬としてのエイシンフラッシュについては、サンデーサイレンスもブライアンズタイムもトニービンも、ノーザンダンサー系の主流のラインも持たないので、配合相手にこと欠かないという意味で前途有望と考えていましたが、ここまでの初年度産駒にはスピードのなさや瞬発力不足が目立っています。

逃げ、先行して流れ込むようなレースをしている馬が多いので、例えば母父サンデー系なら、思い切ってタメる競馬をすると、変わり身が出せるのではないかと考えます。

今のままの成績では、繋養されている社台スタリオンS（2018年2月現在）から放出されてしまう可能性も否定できず。配合相手

エイシンフラッシュ●野芝の場別成績

場	1着	2着	3着	4着以下
新潟	0	1	1	18
小倉	0	0	0	9
中山	2	1	1	9
阪神	2	1	0	3

エイシンフラッシュ●芝1200m以下成績

	1着	2着	3着	4着以下	勝率	連対率	複勝率
総合	1	2	1	31	2.9	8.6	11.4

の質が保てている間に結果を出したいところです。

●狙えるポイント1【東京芝（ただしマイル以外）】→東京芝マイルでは【0—0—1—13】。東京芝でこれを除くと【4—3—2—18】となり、安定度は天地の差。

●狙えるポイント2【芝で直線坂のあるコース】→直線平坦の函館、札幌、福島（わずかに坂はあるが）、京都、新潟、小倉では計【2—4—4—84】で複勝率10・6%。対してそれ以外のコースでは【9—6—5—77】で複勝率は20・6%。特にアタマで狙うなら中山、阪神、中京。

●狙えるポイント3【野芝なら阪神、中山】→ポイント2とも関連することだが、野芝開催の場合は秋の中山、阪神でないと買えない。

●狙えるポイント4【ダートなら短距離】→意外だが、ダートで買うなら1200m。そもそもダート戦の出走数が少ないのだが、1200mは【1—1—1—5】。それ以外の距離では【1—0—1—21】だ。

×軽視するポイント【芝1200m以下】→まったくダメというわけでもないが、基本的に買っても押さえまで。なお1400mは大丈夫。

（血統力絞り出し表P62～63）

エンパイアメーカー

ミスタープロスペクター系

●代表産駒
♂…スーサンジョイ、プラチナヴォイス、ナムラアラシ。外国産の産駒にはフェデラリスト（中山記念）、イジゲン（武蔵野S）
♀…エテルナミノル（愛知杯）、カイザーバル、ナムラアン、マイティティー

阪神ダート1800mの高回収率を忘れるな

北米供用時に外国産馬を送り込んでいますが、ここでは国内供用になってからの産駒のみを対象とします（なお2016年に帰国。日本では5シーズンのみの供用）。

北米では一流種牡馬として君臨していて、すでに日本で種牡馬として結果を出しているバトルプラン、ブリーダーズCレディーズクラシック連覇のローヤルデルタ、ケンタッキーダービーとプリークネスSで2着のボードマイスターらを出しています。

その頃の産駒にはまったくなかったイメージなのですが、日本に入ってきてからの産駒を見ると、明らかに晩成型の傾向が出ています。

2歳夏にデビューして、秋にはオープンを勝つまでに早期仕上げを施したプラチナヴォイスは、3歳春を境に失速。対して出世した馬は、エテルナミノルやスーサンジョイが3歳デビュー。またカイザーバルは2歳の夏に新馬戦を勝ちましたが、その後の連敗でしっかり休養に入れたために、3歳秋

になってローズS、秋華賞の連続好走に結びつけたと考えられます。

芝・ダート兼用なのは、母の父がエルグランセニョールであること、インリアリティのクロスを持つことが原因と思います。

北米馬らしく、一本調子の走りをした場合に強い産駒が多い。ハイペースでの逃げ、先行からの押し切り、あるいはダート中距離での外マクリ、早仕掛け。こうしたレースになったときに力を出すケースが目立っています。

●狙えるポイント１【京都芝１８００ｍ】→期間内の3着以内16回は7頭によってマークされたもの。単勝回収率１２４％、複勝回収率も１４２％ある。

●狙えるポイント２【阪神ダート１８００ｍ】→１番人気での複勝率は85％とかなり高い。それでいて人気薄も走り、単勝回収率２８８％、複勝回収率１０１％だ。

●狙えるポイント３【あくまでヒモで札幌芝と中山ダート

エンパイアメーカー●得意なコース成績

コース	1着	2着	3着	4着以下	勝率	連対率	複勝率
京都芝1800	7	6	3	17	21.2	39.4	48.5
阪神ダ1800	20	13	18	164	9.3	15.3	23.7

エンパイアメーカー●ヒモ狙いコース成績

コース	1着	2着	3着	4着以下	勝率	連対率	複勝率
札幌芝総合	0	5	4	37	0	10.9	19.6
中山ダ1800	9	26	11	145	4.7	18.3	24.1

エンパイアメーカー●重賞成績

	1着	2着	3着	4着以下	勝率	連対率	複勝率
芝	0	0	3	35	0	0	7.9
ダート	0	0	0	8	0	0	0

1800m】↓札幌芝はご覧のように期間内未勝利。また中山ダート1800mも、2着の回数が勝ち鞍の約3倍もある。

●狙えるポイント4【ダート連闘】↓【6―7―5―38】で、複勝率は32・1%だ。単勝回収率112%、複勝回収率101%。

×軽視するポイント【重賞】↓対象期間後にエテルナミノルが愛知杯を勝ったが、期間内の芝重賞では連対なく、ダート重賞は出走数が少ないとはいえ一度も馬券になっていない。ただしオープン特別は芝もダートもやたら走る。

（血統力絞り出し表P64〜65）

オルフェーヴル

ヘイロー系

●代表産駒

♂…特になし

♀…ラッキーライラック（阪神JF、チューリップ賞、アルテミスS）、**ロックディスタウン**（札幌2歳S）

GI&重賞馬を出しても、種牡馬としての未来は？

2017年に注目の初年度デビュー。早々と重賞勝ち馬を出し、またGI馬も出して、順風満帆のように見えますが……個人的には種牡馬としての将来を考えると、かなりマズイように思えてなりません。

なぜそう考えるかは、後述するデータで明らかになりますが、ラッキーライラックとロックディスタウンの2頭の代表産駒を除くと、かなり悲惨な成績となることが意外と知られていない。配合牝馬を揃えてもらったのに、産駒の層がかなり薄いのです。

そうなっている最大の理由は、当然なのですが勝ち切る産駒が少ないこと。上位に来るものの、勝ち上がれないケースのなんと多いことか。あれだけの出走数がありながら、勝ち上がった産駒は期間内で7頭だけです。馬質が下がる3月の新馬、未勝利戦で急に勝っているあたりも、産駒のレベルを物語ります。

そして驚くことに、1番人気になったときに2勝しかしていない。これも産駒の不安定さを裏付ける結果になっています。

さらに、牡馬の勝ち鞍が乏しいことも欠点。種牡馬としての評価を定めるうえでは、大きなマイナス点となります。オルフェーヴルの父であるステイゴールドの産駒にも、成績上の性差があって、出世する産駒の多くは牡馬なのですが、オルフェーヴルの場合は逆に出ています。しかしステイゴールドにしても、ここまで極端ではありません。

なぜ勝ち切れないのかを、軽々に判断することはできませんが、どうも淡白なレースぶりの産駒が目立つことも理由にあるように思います。

叩き合いで競り負け、あるいは馬群に入ると怯むのか、割れないような気性。遺伝力が強そうな種牡馬だけに、その点を管理する側がどう解消していくのかが、今後のカギのように思えます。

今のままでは、時たま重賞級を単発で出すような種牡馬になっていく可能性が大きいように思うのですが……。

●狙えるポイント1【牡馬＜牝馬】↓この傾向は2018年も変わっていない。ただ牡馬が低いのはあくまで勝率の話。

●狙えるポイント2【芝なら1600m、1800m】↓短距離は苦手。しかし距離が延びてもイマイチ。期間内は2歳戦だけだから2000mを超えるレースはないが、果たして今後どうなっていくのか。

●狙えるポイント3【新潟の芝】↓出走数は少ないが【2—3—0—7】。

●狙えるポイント4【ダートなら阪神で】↓ダートの出走数自

オルフェーヴル●性別成績

	1着	2着	3着	4着以下	勝率	連対率	複勝率
牡	4	13	7	67	4.4	18.7	26.4
牝	6	4	8	62	7.5	12.5	22.5

オルフェーヴル●芝の距離別成績

距離	1着	2着	3着	4着以下	勝率	連対率	複勝率
1500以下	0	0	2	14	0	0	12.5
1600+1800	8	12	9	76	7.6	19.0	27.6
2000以上	1	4	2	25	3.1	15.6	21.9

オルフェーヴル●芝未勝利戦成績

	1着	2着	3着	4着以下	勝率	連対率	複勝率
総合	2	11	5	47	3.1	20.0	27.7

体は少ないが、阪神では【1―1―2―5】、それ以外では【0―0―0―9】となっている。

×軽視するポイント1【中山芝】→【0―0―1―20】で、期間内は連対がない。

×軽視するポイント2【1番人気】→【2―3―2―14】で複勝率わずか33・3%という驚くべき数字。

これは1番人気馬の総合の複勝率が大体6割といわれていることからすると、その半分程度しかないわけだ。

×軽視するポイント3【芝の未勝利戦】→これはアタマを獲れないという意味での軽視。ヒモにはむしろ必須、2着付けが効果的。

（血統力絞り出し表Ｐ64～65）

カネヒキリ

ヘイロー系

●代表産駒

♂…ロンドンタウン（エルムS）**、ディオスコリダー**（カペラS）**、ミツバ、アルタイル、メイプルブラザー**

♀→特になし

主戦場のダートで人気薄の仔が走る

フジキセキ産駒にしては異例のパワーを誇った馬で、馬体の形、色などから見て、これは母の父だったデピュティミニスターの影響がとても強く出た馬だったと思います。

3歳でダートの頂点に立ちながら、その後屈腱炎で2年4ヵ月の休養、その間に腱組織の移植手術を余儀なくされるという、絶望的な状況から復帰。再度GIを制覇するまでに至った軌跡は、映画化してもいいくらいのドラマチックなものでした。しかし2016年に事故死しており、17年生まれがラストクロップとなります。

産駒の特徴は成長力があること、息が長いこと。距離不問、コース不問で、ダート種牡馬としてはかなり優秀だっただけに、早世が惜しまれてなりません。

ダートでは人気薄でも走り、期間内103勝のうち、42勝は単勝人気4番人気以下で挙げたもの。

前走着順のよい馬が人気になりやすいことを踏まえると、この人気薄の勝利が多いことと関係するかもしれませんが、連勝をマークしたケースは、期間内に5回しかありません。

カネヒキリ●性別成績

	1着	2着	3着	4着以下	勝率	連対率	複勝率
牡	83	55	64	637	9.9	16.5	24.1
牝	20	13	22	349	5.0	8.2	13.6

カネヒキリ●得意コース成績

コース	1着	2着	3着	4着以下	勝率	連対率	複勝率
阪神ダ1800	14	5	7	62	15.9	21.6	29.5
京都ダ1800	11	6	8	66	12.1	18.7	27.5

カネヒキリ●不得意コース成績

コース	1着	2着	3着	4着以下	勝率	連対率	複勝率
阪神ダ1400	0	1	1	27	0	3.4	6.9
函館ダ1700	0	1	0	18	0	5.3	5.3

反動が出やすいタイプの可能性もあります。だからこそ前走が悪くても、得意の条件にハマれば爆上げすることがある。

また、典型的な牝馬型の種牡馬であり、期間内に1000万に上がった牝馬は3頭しかいません。牝馬を買うなら下級条件限定でいいでしょう。

●狙えるポイント1【阪神ダート1800m、京都ダート1800m】↓勝ち切りが多いだけではなく、回収率も高い。阪神では単勝回収率190%、京都では単勝回収率184%、複勝回収率114%だ。

×軽視するポイント1【芝】↓芝では【0―2―0―83】。もし好走されても、事故だと思ってあきらめるしかない。

×軽視するポイント2【阪神ダート1400m、函館ダート1700m】↓どのコースでも走るのだが、わずかな不得手コースがこの2つ。

×軽視するポイント3【連闘】↓得意のダートでも、連闘は苦手で【1―0―0―25】だ。これも反動が出やすいことの証左かもしれない。

（血統力絞り出し表P66〜67）

サウスヴィグラス

ミスタープロスペクター系

●代表産駒

♂…ナムラタイタン（武蔵野S）、キタサンサジン、スマートアヴァロン、スズカリバー、サウススターマン、ヒガシウィルウィン（地方）

♀…コーリンベリー、トーホウドルチェ、ラブミーチャン（地方）

重賞は鬼門も、オープン特別以下なら任せておけ

産駒のJRAダート重賞、わずか1勝のみ……。これがサウスヴィグラスの種牡馬成績と聞いて、信じられないと思う方は決して少なくないと思われます。

現役種牡馬の中で、短距離ダート界の代表格と誰もが認めながらも、いまだJRAの重賞は1勝だけ。調査対象期間である2015年以降での重賞成績は【0―1―1―13】であり、勝ち切れないだけでなく、成績そのものが芳しくなくなってきています。これはしかし、サウスヴィグラスという種牡馬の特徴を物語るものでもあります。

まず、苦境続く日高を支える存在であるがゆえに、配合牝馬の質がどうしても下がってしまうこと。そして、自分の主導権が取れない展開になると弱いこと。概して逃げ、先行タイプが多いのですが、どの馬もここを狙ってくる重賞ではペースを乱されやすくなり、また追い込み馬にしても、切れるサンデー系や、ストームキャット系の軍門に降ることが多くなるわけです。

短距離がいいといっても、スピードには欠けていて、馬力で短距離をこなすという感じ。だから地

方競馬でやたらと強いのでしょう。

反面、オープン特別以下での安定度は素晴らしい。勝ち鞍も、15年55勝、16年55勝、17年56勝と、種牡馬としては本当に衰え知らずでしたが、18年の急死が惜しまれます。

自身が現役時代、2歳のデビュー時から7歳秋までほとんどスランプらしいスランプがなく、ラストランのJBCスプリントも完勝したほどで、このタフさは産駒の多くに伝わっています。もっとも、裏を返せばグングン強くなるというイメージはありません。

本格化は3歳以降で、2歳時に初勝利を挙げたとしても、2歳の500万下では【0―0―2―18】であり、2勝目以降は3歳になってからとなります。また、データでわかるように、産駒は父と違って衰えが早く、6歳7月以降は勝てなくなっています。

もうひとつの特徴は、人気薄の激走が多く、穴種牡馬としても利用価値が高いこと。単勝5番人気以下の馬で期間内にダートで54勝していますが、そのうち32勝は、前走6着以下だった馬によるものでした。

種牡馬としての欠点は、サンデー系牝馬との配合での成功例がほぼないこと。なかなかサンデー系牝馬が回ってこないという事情もあるのですが、それにしても、この点が大ブレイクを妨げている原因のひとつだと思われます。

なお、次からの狙えるポイント、軽視するポイントはすべてダートを対象としていることをお断りしておきます。芝は【1―2―2―78】なので、まず無視していいでしょう。

●狙えるポイント1【1000万下】↓特に単勝回収率はコンスタントに高く、15年240％、16年128％、17年156％となっている。

●狙えるポイント2【阪神ダート1200m】↓距離不問、場不問といっていいのだが、特に走るのがここ。単勝回収率247％、複勝回収率137％の高さだ。100走以上しているコースで複勝率が30％を超えているのはここだけ。なお、単勝5番人気以下での勝ち切りの多さは目を引く。穴を最も効率よく狙うなら阪神ダート1200mか。

●狙えるポイント3【大幅距離短縮時】↓500m以上短縮したときは【5―2―0―19】で、単勝回収率354％、複勝回収率128％だ。ちなみに5勝は5～9番人気で挙げたものであり、2着2回も4、6番人気でのものだ。

×軽視するポイント1【京都ダート1800m】↓1700m

サウスヴィグラス●阪神ダート1200m成績

単勝人気	1着	2着	3着	4着以下	勝率	連対率	複勝率
総合	18	13	15	88	13.4	23.1	34.3
5番人気以下	11	2	8	68	12.4	14.6	23.6

サウスヴィグラス●京都ダート中距離成績

距離	1着	2着	3着	4着以下	勝率	連対率	複勝率
1800	0	0	2	20	0	0	9.1
1900	0	0	0	14	0	0	0

サウスヴィグラス●ダート6歳以降の成績

	1着	2着	3着	4着以下	勝率	連対率	複勝率
6歳1～6月	5	3	5	76	5.6	9.0	14.6
6歳7月以降	0	3	3	72	0	3.8	7.7

も１８００ｍも走れるのだが、唯一京都だけは苦手としている。また１９００ｍは黙って消し。

×軽視するポイント２【６歳７月以降の高齢馬】→６月まではなんとか問題ないのだが、６歳の夏を境に急落するのが面白いところ。

（血統力絞り出し表Ｐ66〜67）

スクリーンヒーロー

ロベルト系

●代表産駒

♂…モーリス（天皇賞秋、安田記念、マイルCS、香港マイル、香港カップ）、**ゴールドアクター**（有馬記念、日経賞、オールカマー、AR共和国杯。宝塚記念２着）、**グァンチャーレ**（シンザン記念）、**ミュゼエイリアン**（毎日杯）、**ジェネラーレウーノ**（京成杯）、**ルーカス**

♀…特になし

これからどうなる？　ジェネラーレウーノ、ルーカス

父グラスワンダーの後継種牡馬としてその地位を確立どころか、早くも種牡馬としては父を超えた感のある成功を収めつつあります。一世代に何頭も活躍馬を出すタイプではありませんが、各世代に１、２頭ずつ、大物を送り込んで鮮烈な印象を残すという感じ。

種牡馬としての能力は、グラスワンダーというよりも、祖母ダイナアクトレスを経由したノーザンテーストの成長力に負うところが大きいという印象です。

また、種牡馬としての特徴は大きく2点。ひとつは、典型的な牡馬型種牡馬ということ。牝馬も数字上は悪くないのですが、産駒の質を見ると一目瞭然で、1000万がやっとというレベル。期間内のオープン馬はすべて牡馬です。

もうひとつ、晩成型種牡馬という点も見逃せない。2歳時から勝ち鞍は挙がりますが、3歳の早期までに重賞を勝ってしまった産駒は概して伸び悩みます。

その意味で、2018年の京成杯を勝ったジェネラーレウーノ、そしてモーリスの全弟で早期デビューし、東京スポーツ杯2歳Sで強引に2着へ持ってきたものの、ホープフルSでなすすべなく敗れ去ったルーカスがどんな軌跡を18年に描くのかが注目されます。

●狙えるポイント1【阪神芝、中山芝】→安定度なら阪神芝、

スクリーンヒーロー●阪神・中山芝成績

場	1着	2着	3着	4着以下	勝率	連対率	複勝率
阪神	4	6	5	32	8.5	21.3	31.9
中山	10	2	4	65	12.3	14.8	19.8

スクリーンヒーロー●福島・阪神ダート成績

場	1着	2着	3着	4着以下	勝率	連対率	複勝率
福島	4	1	5	17	14.8	18.5	37.0
阪神	5	2	4	24	14.3	20.0	31.4

スクリーンヒーロー●東京芝成績

距離	1着	2着	3着	4着以下	勝率	連対率	複勝率
1600	1	1	0	31	3.0	6.1	6.1
1800	0	1	0	16	0	5.9	5.9

勝ち切りなら中山芝。特に中山では勝つか消えるか極端だ。

●狙えるポイント2【福島ダート、阪神ダート】↓ともに安定して走る。

×軽視するポイント1【新潟芝全般】↓理由はわからないが極端にダメ。

×軽視するポイント2【東京芝1600、1800m】↓モーリスが安田記念を勝っているが、例外と考えるほうがいいようだ。全2連対はともにモーリスによるもの。1800mも厳しい。

×軽視するポイント2【連闘】↓芝・ダート併せて【0−0−0−32】だ。

（血統力絞り出し表Ｐ68〜69）

ステイゴールド

ヘイロー系

●代表産駒

♂…**オルフェーヴル**（皐月賞、ダービー、菊花賞、有馬記念2回、宝塚記念他。凱旋門賞2年連続2着）、**ドリームジャーニー**（有馬記念、宝塚記念、朝日杯FS他）、**ナカヤマフェスタ**（宝塚記念他。凱旋門賞2着）、**ゴールドシップ**（皐月賞、菊花賞、有馬記念、宝塚記念2回、天皇賞春他）、**フェノーメノ**（天皇賞春2回、日経賞、青葉賞他）、**オーシャンブルー**（金鯱賞、中山金杯）、**ナカヤマナイト**（中山記念、オールカマー他）、**フェイトフルウォー**（セントライト記念、京成杯）、**シルクメビウス**（東海S他）、**サンライズマックス**（エプソムC他）、**マイネルメダリスト**（目黒記念）、**マイネルミラノ**（函館記念）、**トウインクル**（ダイヤモンドS）、**ツクバアズマオー**（中山金杯）、**ウインブライト**（スプリング

S他）、**レインボーライン**（アーリントンC）、**グランシルク**（京成杯AH）、**ウインガニオン**（中京記念）、**パフォーマプロミス**（日経新春杯）**他**
♀…アドマイヤリード（ヴィクトリアM他）、**レッドリヴェール**（阪神JF他）、**マイネレーツェル**（ローズS他）、**アルコセニョーラ**（福島記念他）、**ウインプリメーラ**（京都金杯）、**クロコスミア**（府中牝馬S）**他**

大物ほどクセ馬になる血統的理由

現役時は善戦マンとしての期間が長かったですが、引退間際に海外でGⅠを2勝しました。日本で勝てなかったGⅠを海外で、しかも2つ勝つあたりが驚異的。

特にラストランとなった香港ヴァーズの直線の切れ味は、それまでのステイゴールドからは信じられないくらいの破壊力でした。この能力が種牡馬としての成功につながっていったと思います。

2015年の急死は日本競馬の大損失。18年の2歳がラストとなります。

なお叔父にサッカーボーイがいますが、ステイゴールドが現役末期に見せた破壊力は、サッカーボーイの現役時を見ている人ならご理解いただけるはず。まさに叔父の弾丸シュートを彷彿とさせるものでした。

そして、サッカーボーイの父ディクタスの属するタッチストーン系は、現在の競馬界では傍流もいいところ。このマイナーな血が、サンデーと呼応してスタミナや類稀な持続力を生んだと考えます。

現役時のステイゴールドは気性の荒さで知られましたが、これは先述のディクタスから来たものであることは間違いありません。そしてステイゴールド産駒にもそれは伝わっているケースが多く、大物ほどクセが強くなっている感があります。

オルフェーヴルの新馬戦でのゴール後騎手振り落とし事件、阪神大賞典での逸走→復帰して2着の暴れっぷりや、天皇賞春の謎の惨敗。ゴールドシップの気まぐれぶりやスタートの悪癖などが代表例です。

種牡馬としての他の特徴としては、圧倒的に牡馬の出世馬が多いことも見逃せません。

牡馬の芝（せん馬除く）	勝率11・1％	複勝率30・3％
牝馬の芝	勝率6・6％	複勝率19・3％
牡馬のダート（せん馬除く）	勝率7・0％	複勝率22・6％
牝馬のダート	勝率2・8％	複勝率8・3％

なお牝馬の場合は、重賞で勝ち負けを演じるにしても、牝馬限定戦レベルに留まるケースが多い。

さらに得意なコースでの信頼度がやたら高いこと。中山のコーナー4つ以上のコースなどはその代表例です。データで後述しますが、出走回数比の率で見ると、それほど突出していないのは、同じレースに多数のステイゴールド産駒が出るケースが多いためです。

レースにおける上位占有率はとても高く、例えば17年有馬記念前日のグレイトフルS（中山

2500m）などは上位3着までを独占、翌日の同距離のグッドラックHでは2、3着を獲りました。他に得意なのは小回りコース。洋芝・野芝は問いません。

スピードの持続力はあっても絶対値はないので、基本的に芝の1200m以下は苦戦します。ダートも同様。ただし持続力勝負となりがちな芝1400mはむしろよく走ります。

さらにこの種牡馬の偉大さを裏付けるのは、障害でも大物を輩出していること。特に近10年では最強のジャンパーと思われる、オジュウチョウサンを出したのは凄いのひと言。

さて今後、産駒頭数は減っていく一方となるわけですが、大物となりそうな馬が平地の現役馬には見当たらなくなってきたのは否めません。上級クラスの粒は揃っていますが、今後数年はGⅢや上級条件が稼ぎ場になっていくような気がします。

●狙えるポイント1【芝は小回りの中長距離】→別表にまとめた得意コースでは、複勝率が高い。東京芝1400mでは単勝回収率120%、複勝回収率128%。また札幌芝2600mでは単勝回収率213%、複勝回収率114%ある。なおこれらのコースでは、前走が6～9着からの巻き返しも目立つ。特に東京芝1400mでは【2―2―2―6】、函館芝1800mでは【3―1―1―7】、中山芝1800mでは【0―4―3―15】だ。

●狙えるポイント2【中山芝2500mは条件戦で】→〝庭〟として知られるコースだが、重賞だけは【0―0―0―8】とダメ。狙うなら条件戦で、特に1000万下に限ると【4―6―3―18】、複勝率は41・9％だ。

×軽視するポイント1【芝の重賞の2400、2500m】↓意外だが、この距離では重賞で苦戦するようになってきた（対象期間後にパフォーマプロミスが日経新春杯を勝ったが）。またかつては宝塚記念を得意としていたが、2200m重賞でもヒモまでとなっている。

×軽視するポイント2【芝重賞の中9週以上】↓条件戦はともかくとして、重賞では間隔が空くとヒモまでの傾向が強まる。ただ、勝てないだけでヒモには一考。

×軽視するポイント3【ダート短距離】↓特に阪神と京都の1400m、中山の1200m。

×軽視するポイント4【ダートの内枠】↓ダートの内枠に入ると極端に勝てなくなる。特に1枠では連対も厳しく、8枠と比べると一目瞭然だ。平均単勝人気が低いということは確かにあるのだが、ほぼ同じ人気となる6枠と比べても明らかに低いし、さらに1番人気3頭、2番人気3頭はす

ステイゴールド●得意な芝コース成績

コース	1着	2着	3着	4着以下	勝率	連対率	複勝率
中山1800	8	14	5	59	9.3	25.6	31.4
函館1800	8	4	8	36	14.3	21.4	35.7
東京1400	6	9	5	35	10.9	27.3	36.4
中山2500	6	7	7	40	10.0	21.7	33.3
札幌2600	5	5	2	14	19.2	38.5	46.2
新潟2200	4	4	8	24	10.0	20.0	40.0

ステイゴールド●ダート枠順別成績

枠	1着	2着	3着	4着以下	勝率	連対率	複勝率
1枠	1	1	6	72	1.3	2.5	10.0
2枠	1	5	4	69	1.3	7.6	12.0
6枠	4	5	2	83	4.3	9.6	11.7
8枠	11	7	10	92	9.2	15.0	22.3

べて4着以下だった。そして5番人気以内の成績は【0―1―3―16】となっている。

（血統力絞り出し表P68～69）

ダイワメジャー ヘイロー系

●代表産駒

♂…カレンブラックヒル（NHKマイルC、毎日王冠、ニュージーランドT他）、**コパノリチャード**（高松宮記念、阪急杯、スワンS他）、**ダイワマッジョーレ**（京王杯SC、阪急杯）、**エクセラントカーヴ**（京成杯AH）、**ロジチャリス**（ダービー卿CT）、**メイショウカドマツ、サンライズメジャー、ブルドッグボス、オリービン、ダローネガ、アストラエンブレム、ロードヴァンドール、ボンセルヴィーソ他**

♀…メジャーエンブレム（NHKマイルC、阪神JF、クイーンC）、**レーヌミノル**（桜花賞、小倉2歳S）、**ソルヴェイグ**（フィリーズR、函館SS）、**トーセンベニザクラ**（フェアリーS）、**エピセアローム**（セントウルS、函館SS）、**ナックビーナス他**

激走時季とコース、ズバリ教えます！

半妹に史上最強級牝馬のダイワスカーレット。全姉ダイワルージュは新潟2歳Sに勝ち阪神JF2

着、桜花賞3着。母スカーレットブーケは札幌2歳S、クイーンCなど重賞4勝。叔母スカーレットリボンはフィリーズR（4歳牝馬特別）勝ち。近親にダイワファルコン、ヴァーミリアン、サカラート、キングスエンブレム、ブルーリッジリバーらがいるという、今の日本競馬界屈指の名牝系です。

これらの近親馬の戦績と、牝馬産駒の戦績を見比べるとおわかりのように、勝ち鞍には共通するレースが目立っています。つまり牝馬の産駒には、それだけこの牝系の特質がうまく伝わっているということです。

対照的に、種牡馬キャリアが長くなってきているのにも関わらず、牡馬産駒の重賞勝ち馬が少ない。あくまで「出世する産駒」という断りがつきますが、牝馬のほうが重賞で活躍する確率は高めです。

体型的には、母の父であるノーザンテーストの影響力が強く出た種牡馬だと思います。それだけに、真夏、真冬といった極端な気候の時期には強い傾向もあります。

ダイワメジャーは現役時、当初は気性が荒く、パドックでジョッキーを振り落とそうとしたこともあったほどでしたが、年を重ねるとともに落ち着いていきました。産駒にはあまりキツいタイプは見当たりませんが、短距離馬が多いあたりは、癇性の強さが内面で伝わっているということなのかもしれません。

3歳春後半からはノド鳴りに悩まされ、一時期スランプとなりました。これは全兄スリリングサンデーの出世を阻んだ病でもありましたが、ダイワメジャーは手術で克服、4歳以降の大飛躍につなげています。産駒にはこうした弱い面は、今のところほとんど出ていないのは幸いです。

現役時のダイワメジャーと同じく、産駒も芝で速い上がりを求められる流れが苦手で、脚の持続力とパワーで勝負するタイプが多くなっています。このため、3歳以降は自分の走れる展開、流れにならない場合は凡走するケースも増えてくる傾向にあり、連勝するタイプの馬はかなり少ない。

とにかく、ダイワメジャー産駒の特徴は「早熟であること」「スローペースからの瞬発力比べで見劣ること」、「パワーのある短距離馬、マイラーが多いこと」であり、配合相手の牝馬の系統を問わないあたり、実に遺伝力の強い種牡馬といえましょう。

特に覚えておくべきは2歳戦での強さ。2歳秋までは、現役種牡馬のトップクラスといえます。2015年には、ディープインパクトの2歳リーディング6連覇を阻んだほどでした。

またB級戦に限りますが、時折、芝の2600mくらいまではこなせる産駒も出します。メイショウカドマツやプレストウィックが代表例。自身も現役時に、有馬記念で2年連続3着になっており、距離の融通性は高いほうでした。

反面、ダートで一流に昇る馬はほとんどおらず、集計期間内にオープンでコンスタントに活躍している産駒は、ブルドッグボスくらいしか見当たりません。つまり、パワーもあるのですが、それはダート的なパワーという意味とはベクトルが違うことになります。

●狙えるポイント1【2歳戦】↓芝・ダート関係なし。芝の2歳戦全体で複勝率は38・6%あるが、特に夏場、7〜9月にかけては45・9％に達し、新馬戦に限れば47・1％となる。

ダートでも、レース数が増えてくる10月以降は複勝率が4割を超える。単勝回収率は146％に達する。

●狙えるポイント2【芝重賞の牝馬】↓もちろん牝馬限定戦が中心となるのだが、牡馬相手でも2歳重賞や、夏場の短距離重賞では勝ち切る例は珍しくない。対象期間内の牡馬との差は、率を見ると歴然としている。また回収率も高く、単勝回収率139％、複勝回収率103％だ。

●狙えるポイント3【中京芝1600m、札幌芝1500m】↓中京芝1600mは、重賞以外は実に安定している。また複勝回収率は112％ある。

●狙えるポイント4【秋の京都芝1200m、10月の東京芝1400m】↓ここは季節限定のポイントだが、京都芝1200mは高速馬場の秋開催と、それ以外の開催とでは率が大きく開く。また東京芝1400mは、なぜか10月限定と

ダイワメジャー●2歳戦成績

	1着	2着	3着	4着以下	勝率	連対率	複勝率
芝・7〜9月	44	41	43	151	15.8	30.5	45.9
ダ・10〜12月	19	15	15	71	15.8	28.3	40.8

ダイワメジャー●芝・得意コース成績

コース	1着	2着	3着	4着以下	勝率	連対率	複勝率
中京芝1600	8	10	15	44	10.4	23.4	42.9
札幌芝1500	5	5	4	23	13.5	27.0	37.8

ダイワメジャー●芝・重賞成績

性別	1着	2着	3着	4着以下	勝率	連対率	複勝率
牡	5	9	12	133	3.1	8.8	16.4
牝	8	10	8	67	8.6	19.4	28.0

なるのだが、勝ち切りが異様に多くて【10―2―3―17】である。

●狙えるポイント5【京都ダート1400m、函館ダート1700m】→京都ダート1400mの単勝回収率は136%、複勝回収率104%。なお後述のように阪神ダート1400mは苦手としているので、前後する開催の京都ダート1400mで走ったからといって、次走の阪神ダート1400mに出てくると人気を裏切るケースも多いということだ。また函館ダート1700mの単勝回収率は118%、複勝回収率は102%に達する。

●狙えるポイント6【芝の重馬場】→1、2番人気時で7勝しているが、4番人気以下でも7勝していて、二ケタ人気での勝利もある。単勝回収率322%、複勝回収率121%だ。ただし不良馬場までいくと、苦手とはいえないまでも、率はかなり下がる。

×軽視するポイント1【芝7歳以上】→複勝率でも6%台。た

ダイワメジャー●京都芝1200m成績

時季	1着	2着	3着	4着以下	勝率	連対率	複勝率
秋	6	6	3	28	14.0	27.9	34.9
それ以外	4	0	4	38	8.7	8.7	17.4

ダイワメジャー●ダート・得意コース成績

コース	1着	2着	3着	4着以下	勝率	連対率	複勝率
京都ダ1400	20	15	15	91	14.2	24.8	35.5
函館ダ1700	6	5	5	21	16.2	29.7	43.2

ダイワメジャー●芝・7歳以上成績

1着	2着	3着	4着以下	勝率	連対率	複勝率
3	2	2	103	2.7	4.5	6.4

だしダートは【1―2―4―15】でソコソコ走る。もっとも、ダートの6歳以上は130走して1勝しかしていない。

×軽視するポイント2【新潟芝直線競馬】↓【1―8―9―44】で複勝率は悪くない。あくまで勝てないという意味での軽視だ。

×軽視するポイント3【阪神ダート1400m】↓【4―5―2―100】で複勝率でも1割を切ってしまう。（血統力絞り出し表P70～71）

タニノギムレット

ロベルト系

●代表産駒

♂…スマイルジャック（東京新聞杯、関屋記念他）、ハギノハイブリッド（京都新聞杯）、ヒラボクロイヤル（青葉賞）、セイクリッドバレー（新潟大賞典）、クレスコグランド（京都新聞杯）、ゴールドアグリ（新潟2歳S）、ブラックスピネル（東京新聞杯）

♀…ウオッカ（ダービー、ジャパンC、天皇賞秋、阪神JF他）、オールザットジャズ（福島牝馬S2回）、ミッドサマーフェア（フローラS）、ニシノブルームーン（中山牝馬S）

芝の外回り内回りで極端な差が……

ご存知、ウオッカの父ですが……中級の重賞勝ち馬は時折出すものの、コンスタントに勝ち上がる産駒が少なく、種牡馬としては下り坂といっていいでしょう。

サンデー系牝馬、ミスプロ系牝馬と自由に配合できる利点がありながら、この結果ということで、今後は個性派のGⅢ級産駒を断続的にどれだけ出せるかにかかってきそうです。なお集計期間内の芝重賞では【1―2―0―39】。

概してパワー不足の産駒が多く、最後の直線で負荷のかからないコースで切れ味を活かすレースぶりが身上。

また、不得手の条件がたくさんあるというのが特徴で、目下の狙いは後述するようなわずかなピンポイントでの場となります。

面白いのは、芝の場合、外回りと内回り（ただし中山のように直線が同じではなく、直線の長さが違うコース）で成績が大きく変わること。京都と新潟で極端になっています（別表）。京都芝では外回り、新潟芝では内回りが圧倒的に好成績。

ダートは基本的に500万条件までであり、ビリオネアを除いた産駒の成績は、1000万以上のクラスでは【0―1―5―85】となります。

●狙えるポイント1【東京芝2400m】↓サンプル数は少ないが、3着以内9回は5頭によるもので信頼はできる。ただし1000万から下のクラスでこそだろう。

●狙えるポイント2【芝の重・不良馬場】↓パワー不足と指摘したが、フォームが低い走りのためか芝の道悪は得意とする仔が多い。かつてハギノジョイフルが、16番人気ながらドロドロの目黒記念で3着に突っ込み大穴をあけたことがある。単勝回収率は151%、複勝回収率も95%ある。成績は【4―2―8―36】で複勝率28%、これは良馬場時の倍近い。

●狙えるポイント3【阪神ダート1200m、東京ダート1300m】↓ダート短距離は意外と走れる。特にこの2つのコースでは安定していて、阪神ダート1200mは【3―0―4―19】で3着以内7回はすべて異なる産駒。東京ダート1300mは【2―2―0―9】で3着以内4回は3頭の産駒による。

タニノギムレット●京都芝、新潟芝成績

コース	1着	2着	3着	4着以下	勝率	連対率	複勝率
京都外回り	4	2	5	44	7.3	10.9	20.0
内回り	1	3	3	36	2.3	9.3	16.3
新潟外回り	1	0	3	59	1.6	1.6	6.3
内回り	4	7	2	42	7.3	20.0	23.6
直線	0	2	0	14	0	12.5	12.5

タニノギムレット●芝苦手コース成績

コース	1着	2着	3着	4着以下	勝率	連対率	複勝率
東京芝1800	1	2	0	33	2.8	8.3	8.3
小倉芝1800	1	1	0	22	4.2	8.3	8.3
中山芝1800	0	0	0	26	0	0	0
中山芝2000	0	2	0	33	0	5.7	5.7
阪神芝1600	0	0	1	28	0	0	3.4

×軽視するポイント1【芝1800mの東京、小倉、中山】↓別表を参照のこと。

×軽視するポイント2【中山芝2000m、阪神芝1600m】↓直線急坂コースは近年あまり得意でないが、この2つは特に悪い。

×軽視するポイント3【ダート牝馬限定戦】↓メンバーレベルが落ちがちなのでよさそうなものだが、【1—4—6—90】で勝率はたったの1%。よくてヒモまでだ。牝馬の場合は非力さが一層目立つということなのだろう。

×軽視するポイント4【小倉ダート】↓【0—0—2—37】で、距離問わずダメ。（血統力絞り出し表P70〜71）

ヘニーヒューズ
ストームキャット系

●代表産駒
♂…アジアエクスプレス（朝日杯FS、レパードS）、モーニン（フェブラリーS、根岸S）、ヘニーハウンド（ファルコンS）、ケイアイレオーネ（シリウスS）、ドンフォルティス
♀…↓特になし

ダートは距離短縮、芝なら1400m

日本には、外国産馬の父として初登場。まずダートでサウンドボルケーノが中堅クラス以上、そしてヘニーハウンドが芝重賞を勝つ活躍を見せました。その後、ケイアイレオーネやアジアエクスプレスと成功し、モーニンがフェブラリーSを勝ったことで、とうとう日本に輸入されることになりました。

さらに好都合だったのは、アメリカに残してきた牝馬産駒のビホルダーがブリーダーズCジュヴナイルを勝ち、ブリーダーズCディスタフを連覇したこと。これで産地の人気はウナギ登りとなります。

父系の仕上がりの早さに定評があることもあって、クラシックを望みにくい血統背景ながら、初年度から191頭の配合相手を集めました。

集計期間は日本供用後の明け3歳が中心となりますが、期待にたがわぬ勝ち上がりの多さとコンスタントな成績を残しており、現状は成功といっていいでしょう。

今後の課題は、これら早期に勝ち上がった産駒が、何歳まである程度の質を維持できるかどうかにかかってきます。

なお、産駒の成績は圧倒的にダートがいいのですが、芝でも【4―9―

ヘニーヒューズ●芝・ダート別成績

	1着	2着	3着	4着以下	勝率	連対率	複勝率
芝	4	9	6	80	4.0	13.1	19.2
ダート	29	20	17	80	19.9	33.6	45.2

ヘニーヒューズ●ダート成績

	1着	2着	3着	4着以下	勝率	連対率	複勝率
距離短縮時	10	2	3	24	25.6	31.3	38.5
2歳7～9月	4	6	3	10	17.4	43.5	56.5

6—80】、複勝率で19・2％とソコソコの率は残しており、後述する狙える条件では軽視禁物。

またダートは距離も場も枠も不問で、短いスパンとはいえ、現状は弱点がありません。

●狙えるポイント1【芝では1400mで】→【2—4—2—7】であり、勝ち切りは少ないものの安定している。ダート血統によくあるパターン。

●狙えるポイント2【ダート距離短縮時】→ダートはなんでも走るのだが、前走から短縮してくると勝率が特に上がり、全ダート勝率より7ポイント近く高くなる。単勝回収率231％、複勝回収率は86％だ。

●狙えるポイント3【ダート2歳夏競馬】→馬券圏はまず堅いと思っていい。連軸でもほぼ大丈夫。

×軽視するポイント1【芝1600m】→【0—0—2—22】だ。1400mとは異なり、急落するので要注意。芝の1400mと1600mは競馬が別物。

×軽視するポイント2【芝の連闘、中1週】→併せて【0—0—2—15】。

（血統力絞り出し表P72〜73）

マンハッタンカフェ

ヘイロー系

●代表産駒

♂…ヒルノダムール（天皇賞春、大阪杯）、ジョーカプチーノ（NHKマイルC、シルクロードS他）、グレープブラン

デー（フェブラリーS、東海S他）、**ガルボ**（東京新聞杯、ダービー卿CT他）、**ショウナンマイティ**（大阪杯）、**イコピコ**（神戸新聞杯）、**ラブイズブーシェ**（函館記念）、**マンハッタンスカイ**（福島記念）、**アーバニティ**（オーシャンS）、**メイショウクオリア**（京都新聞杯）、**ゲシュタルト**（京都新聞杯）、**ベストメンバー**（京都新聞杯）、**アントニオバローズ**（シンザン記念）、**シャケトラ**（日経賞）、**プラチナムバレット**（京都新聞杯）、**アメリカズカップ**（きさらぎ賞）、**エーシンモアオバー他**

♀…レッドディザイア（秋華賞）、**クイーンズリング**（エリザベス女王杯、府中牝馬S他）、**ルージュバック**（毎日王冠、エプソムC他）、**フミノイマージン**（札幌記念、マーメイドS他）、**セラフィックロンブ**（愛知杯２回）、**レッドアゲート**（フローラS）、**シングウィズジョイ**（ターコイズS、フローラS）、**テイエムオーロラ**（府中牝馬S）、**トレンドハンター**（フラワーC）他

芝の連闘と「冬のマンカフェ」

重賞はＧⅠのみの３勝。ＧⅡ、ＧⅢ勝ちがひとつもないＧⅠ複数勝利馬というのは、とても珍しい。裏を返せば、それだけ目標を定めたレースに強く、使ってよくなるタイプだったということ、さらに晩成型だったということでしょう。

それだけに、２歳から３歳春に重賞を勝つような産駒は、早々に燃え尽きてしまう傾向が強くなっています。それは前述の代表産駒をご覧になれば明白だと思います。

種牡馬としては2009年にリーディングサイアーを獲得しましたが、15年に死亡しており、18年の2歳世代が最後となります。

血統的な特徴は、なんといってもドイツ牝系であること。半兄にエアスマップ、近親にビワハイジ、ブエナビスタが揃う超名門です。それだけ馬力に富み、軽い芝よりは洋芝や、それに近いコンディションが合っています。

そのためか、後述のように冬場に激走するケースが多い。別に春夏がダメというわけではないですが、勝ち切る率は明らかに厳寒期に高くなります。これはダートでも同じ。

種牡馬としての能力が初年度から晩年まで衰えず、とても高いポテンシャルを有していました。産駒のレースぶりには器用さが目立ち、後方一気や、逃げにこだわるタイプは珍しいといえます。スローからの上がり比べになるとイマイチで、勝ち切れないケースも目立ってきます。自身は有馬記念を勝ったときに、中山としては記録的な高速上がりを駆使しただけに、この点は意外でもあります。

種牡馬として大きな欠点がなく、不得手なコース、条件がほとんど見当たらない。

ディープインパクトとは異なる持ち場で強みを発揮するタイプだっただけに、日本の競馬に幅を持たせる存在の欠落という意味で、早世が惜しまれてなりません。

●狙えるポイント1【阪神芝2000、2200m】↓新潟、京都では外回りコースのほうが勝率はいいのだが（京都新聞杯での異常な強さ）、阪神は断然内回り向き。特にこの2つのコースで強い。阪神芝2200mでの3着以内8回は6頭でマークしたもの。

●狙えるポイント2【勝ち切りなら函館芝】→洋芝はよく走るが、勝率で考えると、札幌芝は5・6％に対し、函館芝は14％と3倍近く高くなる。

●狙えるポイント3【芝連闘時】→【5―1―1―21】で、勝率は17・9％。これは芝の総合勝率の約2倍だ。単勝回収率376％、複勝回収率104％。6、12番人気での勝利、10番人気での3着もある。

●狙えるポイント4【ダートなら函館1700m、札幌1700m】→北海道シリーズダート中距離戦の中核を担う種牡馬といっていい。特に函館では単勝回収率197％、複勝回収率110％だ。

●狙えるポイント5【厳寒期の競馬】→芝では、2月の勝率が12・4％で、月別の最高となり、4月5月の倍にもなる。回収率も高く、芝の12月は143％、1月は106％、2月は100％。

ダートの2月の勝率も13・5％で月別最高、8～11月が2・9～9％台にとどまっているのと好対照。なお18年は1月の勢いが強く、勝率は芝で14・3％、ダートは13・5％だった。

×軽視するポイント1【芝7歳以上】→数少ない弱点はここ。【1―1―1

マンハッタンカフェ●阪神芝の得意コース成績

コース	1着	2着	3着	4着以下	勝率	連対率	複勝率
阪神芝2000	5	8	10	35	8.6	22.4	39.7
阪神芝2200	3	4	1	10	16.7	38.9	44.4

マンハッタンカフェ●ダートの得意コース成績

コース	1着	2着	3着	4着以下	勝率	連対率	複勝率
函館ダ1700	7	5	5	17	20.6	35.3	50.0
札幌ダ1700	4	6	3	19	12.5	31.3	40.6

―64】で、複勝率まで広げても5％に届かない。

×軽視するポイント2【中京ダート1400m】↓【0―2―0―26】と大不振。（血統力絞り出し表P72～73）

ロードカナロア　ミスプロ系

●代表産駒

♂…ステルヴィオ（スプリングS）、ダノンスマッシュ

♀…アーモンドアイ（シンザン記念）、アンヴァル

キンカメの後継種牡馬として認められた！

２０１７年の新種牡馬。対象期間は2歳一世代だけとなりますが、期待を上回る成功を収めています。キングカメハメハの後継の座を完全に固めました。とにかく、新馬戦でも未勝利戦でも重賞でも構わずに好成績で、今のところ弱点らしい弱点がほとんどない。ただ、距離には壁があり、１８００ｍや２０００ｍでも馬券になる確率は下がりませんが、なかなか勝てなくなります。

人気馬での勝利が印象には残りますが、芝なら人気薄も走る。6～18番人気でも【4―2―2―46】となっています。

自身は世界トップレベルのスプリンターであり、またマイルでも安田記念を勝ちましたが、産駒の成績は断然マイルのほうが上。ロードカナロア自身の血統組成も、マイルでこそのものであり、この種牡馬成績には頷けるものがあります。

芝の期間内総合は【37—20—21—105】で複勝率42・6%、単勝回収率110%。ダートはまだ期間内で17走のみ。【0—1—2—14】ですが、これも血統からはダートがダメとは思えない。今後使われる数が増えていけば、相応の成績を収めるはずです。

●狙えるポイント【芝1600m】→さらに狙えるポイントという意味。

×軽視するポイント1【福島芝、新潟芝】→福島芝は【1—0—0—6】。サンプルは少ないが、苦手かもしれないという判断で、人気馬を下げていくとオイシクなる可能性あり。また新潟芝は【1—3—2—13】で、複勝率は悪くないが、勝てないという意味で挙げておく。

×軽視するポイント2【芝1800m以上】→これも複勝率は悪くなく【1—4—2—12】で、あくまで勝ち切れないという意味での指摘となる。

×軽視するポイント3【中山年末開催の芝】→【0—1—4—11】でなぜか連対も厳しい。秋の東京、京都で勝負をかけたからかもしれないが……18年の年末に注目。

（血統力絞り出し表P74～75）

ロードカナロア●芝1200m・1600m成績

距離	1着	2着	3着	4着以下	勝率	連対率	複勝率
芝1200	7	2	8	28	15.6	20.0	37.8
芝1600	17	6	5	24	32.7	44.2	53.8

血統力絞り出しメーターについてはP14〜18の解説をご覧ください。

全体連対率	人気なり連対数	実複勝率	全体複勝率	人気なり複勝圏数
82.3%	3.292	100.0%	89.60%	3.584
66.6%	11.322	58.8%	78.80%	13.396
53.0%	20.14	65.8%	67.00%	25.46
42.8%	22.684	62.3%	56.70%	30.051
33.8%	20.28	61.7%	47.70%	28.62
27.4%	21.098	37.7%	40.20%	30.954
21.1%	23.632	31.3%	32.90%	36.848
16.1%	21.735	21.5%	26.00%	35.1
11.4%	9.348	25.6%	19.50%	15.99
8.6%	11.782	21.2%	15.20%	20.824
5.3%	7.579	15.4%	10.30%	14.729
3.1%	5.425	8.0%	6.00%	10.5
0.8%	2.056	1.9%	1.80%	4.626

実連対数	想定連対数		実3着以内数	想定3着以内数
194	180.373		293	270.682
	108%			**108%**

ター全体でも勝利数はほぼ100%だが、実連対数、実複勝数は想定数を上回っているのだ。また、単勝20〜50倍未満での複勝数は、平均を大きく超えており狙い目といっていいはずだ。

全体連対率	人気なり連対数	実複勝率	全体複勝率	人気なり複勝圏数
82.3%	0	0.0%	89.60%	0
66.6%	0.666	100.0%	78.80%	0.788
53.0%	3.71	57.1%	67.00%	4.69
42.8%	1.712	50.0%	56.70%	2.268
33.8%	1.69	60.0%	47.70%	2.385
27.4%	2.466	33.3%	40.20%	3.618
21.1%	1.477	57.1%	32.90%	2.303
16.1%	3.381	23.8%	26.00%	5.46
11.4%	1.254	45.5%	19.50%	2.145
8.6%	1.892	13.6%	15.20%	3.344
5.3%	1.325	4.0%	10.30%	2.575
3.1%	1.55	8.0%	6.00%	3
0.8%	0.48	0.0%	1.80%	1.08

実連対数	想定連対数		実3着以内数	想定3着以内数
24	21.603		35	33.656
	111%			**104%**

場合、実複勝率が全体の平均を大きく下回っている。特に20〜50倍未満では勝利すらない状況。一ケタ台のオッズに推されていない馬は、気になったら馬券を買う程度でOKだろう。

アグネスデジタル●血統力絞り出しメーター

単勝オッズ	該当数	実勝率	全体勝率	人気なり勝利数	実連対率
1.0〜 1.4	4	0.0%	63.8%	2.552	50.0%
1.5〜 1.9	17	29.4%	46.4%	7.888	47.1%
2.0〜 2.9	38	39.5%	31.8%	12.084	50.0%
3.0〜 3.9	53	22.6%	23.8%	12.614	49.1%
4.0〜 4.9	60	21.7%	17.1%	10.26	40.0%
5.0〜 6.9	77	14.3%	13.3%	10.241	31.2%
7.0〜 9.9	112	7.1%	10.0%	11.2	17.0%
10.0〜14.9	135	5.9%	7.0%	9.45	14.1%
15.0〜19.9	82	6.1%	4.4%	3.608	12.2%
20.0〜29.9	137	3.6%	3.4%	4.658	14.6%
30.0〜49.9	143	4.2%	2.0%	2.86	9.8%
50.0〜99.9	175	1.7%	1.2%	2.1	4.0%
100.0〜	257	0.0%	0.3%	0.771	0.8%

左：実際の成績　右：人気なり成績 →	実勝数	想定勝数
	91	90.286
		101%

アグネスデジタルの特徴を端的に示しているのが、単勝オッズ1.0〜1.4倍の成績だろう。該当したのはわずか4鞍だが、このゾーンで勝利ナシ。ところが、2着2回・3着2回と複勝率なら100%。絞り出しメー

エイシンフラッシュ●血統力絞り出しメーター

単勝オッズ	該当数	実勝率	全体勝率	人気なり勝利数	実連対率
1.0〜 1.4	0	0.0%	63.8%	0	0.0%
1.5〜 1.9	1	100.0%	46.4%	0.464	100.0%
2.0〜 2.9	7	42.9%	31.8%	2.226	57.1%
3.0〜 3.9	4	25.0%	23.8%	0.952	25.0%
4.0〜 4.9	5	20.0%	17.1%	0.855	60.0%
5.0〜 6.9	9	22.2%	13.3%	1.197	33.3%
7.0〜 9.9	7	14.3%	10.0%	0.7	42.9%
10.0〜14.9	21	4.8%	7.0%	1.47	9.5%
15.0〜19.9	11	9.1%	4.4%	0.484	27.3%
20.0〜29.9	22	0.0%	3.4%	0.748	4.5%
30.0〜49.9	25	0.0%	2.0%	0.5	0.0%
50.0〜99.9	50	4.0%	1.2%	0.6	6.0%
100.0〜	60	0.0%	0.3%	0.18	0.0%

左：実際の成績　右：人気なり成績 →	実勝数	想定勝数
	13	10.376
		125%

まだまだ産駒の出走数が多くなく断言できるレベルではないが、単勝一ケタ台のオッズに推されていた場合、過去3年の全体成績を上回って勝利しているのがわかるだろう。一方で、単勝20倍以上の馬の

全体連対率	人気なり連対数	実複勝率	全体複勝率	人気なり複勝圏数
82.3%	4.938	100.0%	89.60%	5.376
66.6%	28.638	72.1%	78.80%	33.884
53.0%	53.53	63.4%	67.00%	67.67
42.8%	44.94	61.0%	56.70%	59.535
33.8%	35.152	50.0%	47.70%	49.608
27.4%	48.772	42.7%	40.20%	71.556
21.1%	45.365	28.8%	32.90%	70.735
16.1%	42.182	24.4%	26.00%	68.12
11.4%	23.256	27.0%	19.50%	39.78
8.6%	24.08	12.9%	15.20%	42.56
5.3%	18.179	9.6%	10.30%	35.329
3.1%	10.912	8.0%	6.00%	21.12
0.8%	4.552	0.9%	1.80%	10.242
実連対数	想定連対数		実3着以内数	想定3着以内数
387	384.496		576	575.515
	101%			**100%**

馬か。実勝率、実連対率、実複勝率のすべてで全体の数字を上回っている。17年スプリングSで3着だったプラチナヴォイスは、最終的に6番人気19.3倍と買いゾーンに該当していたのだ。

全体連対率	人気なり連対数	実複勝率	全体複勝率	人気なり複勝圏数
82.3%	0	0.0%	89.60%	0
66.6%	4.662	42.9%	78.80%	5.516
53.0%	5.3	30.0%	67.00%	6.7
42.8%	5.136	41.7%	56.70%	6.804
33.8%	4.394	53.8%	47.70%	6.201
27.4%	3.288	25.0%	40.20%	4.824
21.1%	4.642	31.8%	32.90%	7.238
16.1%	2.576	43.8%	26.00%	4.16
11.4%	1.14	20.0%	19.50%	1.95
8.6%	1.72	20.0%	15.20%	3.04
5.3%	0.742	0.0%	10.30%	1.442
3.1%	0.589	5.3%	6.00%	1.14
0.8%	0.128	0.0%	1.80%	0.288
実連対数	想定連対数		実3着以内数	想定3着以内数
27	34.317		42	49.303
	79%			**85%**

たの1頭。着外4回と、半数以上が3着を外しているのだ。出走数が増えてくれれば傾向も変わる可能性があるのは確かだが、人気でも人気薄でも買いづらい種牡馬なのは間違いない。

エンパイアメーカー●血統力絞り出しメーター

単勝オッズ	該当数	実勝率	全体勝率	人気なり勝利数	実連対率
1.0〜 1.4	6	50.0%	63.8%	3.828	83.3%
1.5〜 1.9	43	46.5%	46.4%	19.952	65.1%
2.0〜 2.9	101	22.8%	31.8%	32.118	48.5%
3.0〜 3.9	105	32.4%	23.8%	24.99	49.5%
4.0〜 4.9	104	21.2%	17.1%	17.784	36.5%
5.0〜 6.9	178	15.7%	13.3%	23.674	33.7%
7.0〜 9.9	215	9.8%	10.0%	21.5	17.2%
10.0〜14.9	262	5.0%	7.0%	18.34	13.4%
15.0〜19.9	204	5.9%	4.4%	8.976	15.7%
20.0〜29.9	280	2.9%	3.4%	9.52	6.8%
30.0〜49.9	343	1.7%	2.0%	6.86	5.0%
50.0〜99.9	352	1.4%	1.2%	4.224	3.7%
100.0〜	569	0.4%	0.3%	1.707	0.4%

左：実際の成績　右：人気なり成績→	実勝数	想定勝数
	197	193.473
		102%

絞り出しメーターで見れば、ごくごく平均的な種牡馬といっていい。どのオッズ帯でも大きく全体の数字と乖離しているゾーンは少ない。若干ではあるが、強調できるのは15倍以上〜20倍未満のゾーン該当

オルフェーヴル●血統力絞り出しメーター

単勝オッズ	該当数	実勝率	全体勝率	人気なり勝利数	実連対率
1.0〜 1.4	0	0.0%	63.8%	0	0.0%
1.5〜 1.9	7	14.3%	46.4%	3.248	42.9%
2.0〜 2.9	10	0.0%	31.8%	3.18	10.0%
3.0〜 3.9	12	16.7%	23.8%	2.856	41.7%
4.0〜 4.9	13	30.8%	17.1%	2.223	46.2%
5.0〜 6.9	12	8.3%	13.3%	1.596	16.7%
7.0〜 9.9	22	4.5%	10.0%	2.2	22.7%
10.0〜14.9	16	6.3%	7.0%	1.12	12.5%
15.0〜19.9	10	0.0%	4.4%	0.44	10.0%
20.0〜29.9	20	0.0%	3.4%	0.68	10.0%
30.0〜49.9	14	0.0%	2.0%	0.28	0.0%
50.0〜99.9	19	0.0%	1.2%	0.228	0.0%
100.0〜	16	0.0%	0.3%	0.048	0.0%

左：実際の成績　右：人気なり成績→	実勝数	想定勝数
	10	18.099
		55%

初年度産駒の現3歳世代ではラッキーライラックなどGI馬を出したが、絞り出しメーター上ではマイナス材料が目立つ。特に単勝1倍台では苦戦している。1倍台に該当した7頭のうち、勝ち上がったのはたっ

全体連対率	人気なり連対数	実複勝率	全体複勝率	人気なり複勝圏数
82.3%	3.292	100.0%	89.60%	3.584
66.6%	6.66	80.0%	78.80%	7.88
53.0%	20.14	57.9%	67.00%	25.46
42.8%	17.976	54.8%	56.70%	23.814
33.8%	16.224	41.7%	47.70%	22.896
27.4%	23.838	44.8%	40.20%	34.974
21.1%	21.1	48.0%	32.90%	32.9
16.1%	19.642	29.5%	26.00%	31.72
11.4%	10.83	21.1%	19.50%	18.525
8.6%	10.406	9.9%	15.20%	18.392
5.3%	6.625	9.6%	10.30%	12.875
3.1%	5.673	3.8%	6.00%	10.98
0.8%	2.144	2.2%	1.80%	4.824
実連対数	想定連対数		実 3 着以内数	想定3着以内数
171	164.55		257	248.824
	104%			**103%**

リ産駒を軸にする際は、1着付けの馬単、3連単に妙味があるといっていいだろう。特に20倍未満のゾーンで全体勝率を下回ったのは2倍台のみ。とりわけオイシイのは7～10倍未満のゾーンだ。

全体連対率	人気なり連対数	実複勝率	全体複勝率	人気なり複勝圏数
82.3%	0.823	100.0%	89.60%	0.896
66.6%	11.988	77.8%	78.80%	14.184
53.0%	36.04	73.5%	67.00%	45.56
42.8%	41.516	54.6%	56.70%	54.999
33.8%	30.42	53.3%	47.70%	42.93
27.4%	42.196	47.4%	40.20%	61.908
21.1%	38.613	34.4%	32.90%	60.207
16.1%	30.59	24.2%	26.00%	49.4
11.4%	19.836	17.8%	19.50%	33.93
8.6%	20.984	19.3%	15.20%	37.088
5.3%	14.098	11.7%	10.30%	27.398
3.1%	9.207	7.4%	6.00%	17.82
0.8%	2.616	1.8%	1.80%	5.886
実連対数	想定連対数		実 3 着以内数	想定3着以内数
338	298.927		485	452.206
	113%			**107%**

数字を上回っているのがわかる。15倍を超えるオッズ帯では、全体の成績を大きく超えているところはないということを考えると、2、3番人気程度に推されている馬が強いということ示している。

カネヒキリ●血統力絞り出しメーター

単勝オッズ	該当数	実勝率	全体勝率	人気なり勝利数	実連対率
1.0～ 1.4	4	100.0%	63.8%	2.552	100.0%
1.5～ 1.9	10	50.0%	46.4%	4.64	50.0%
2.0～ 2.9	38	28.9%	31.8%	12.084	42.1%
3.0～ 3.9	42	28.6%	23.8%	9.996	50.0%
4.0～ 4.9	48	25.0%	17.1%	8.208	29.2%
5.0～ 6.9	87	14.9%	13.3%	11.571	29.9%
7.0～ 9.9	100	17.0%	10.0%	10	31.0%
10.0～14.9	122	11.5%	7.0%	8.54	20.5%
15.0～19.9	95	6.3%	4.4%	4.18	13.7%
20.0～29.9	121	1.7%	3.4%	4.114	5.0%
30.0～49.9	125	3.2%	2.0%	2.5	3.2%
50.0～99.9	183	1.6%	1.2%	2.196	1.6%
100.0～	268	0.0%	0.3%	0.804	1.1%

左：実際の成績　右：人気なり成績→	実勝数	想定勝数
	103	81.385
		127%

出走数から想定される勝利数は81勝程度だが、実際は103勝を挙げ想定勝数は127%をマーク。ところが、実連対数、実複勝数では想定数こそ上回っているものの、勝数に比べれば平凡。つまり、カネヒキ

サウスヴィグラス●血統力絞り出しメーター

単勝オッズ	該当数	実勝率	全体勝率	人気なり勝利数	実連対率
1.0～ 1.4	1	100.0%	63.8%	0.638	100.0%
1.5～ 1.9	18	44.4%	46.4%	8.352	66.7%
2.0～ 2.9	68	35.3%	31.8%	21.624	61.8%
3.0～ 3.9	97	22.7%	23.8%	23.086	44.3%
4.0～ 4.9	90	20.0%	17.1%	15.39	42.2%
5.0～ 6.9	154	18.2%	13.3%	20.482	35.7%
7.0～ 9.9	183	9.3%	10.0%	18.3	21.9%
10.0～14.9	190	10.0%	7.0%	13.3	17.9%
15.0～19.9	174	3.4%	4.4%	7.656	9.2%
20.0～29.9	244	4.5%	3.4%	8.296	10.2%
30.0～49.9	266	2.6%	2.0%	5.32	7.1%
50.0～99.9	297	1.0%	1.2%	3.564	3.0%
100.0～	327	0.6%	0.3%	0.981	1.2%

左：実際の成績　右：人気なり成績→	実勝数	想定勝数
	166	146.989
		113%

これだけ出走数があっても、実勝数、実連対数が想定を大きく上回っているのは驚異的といっていい。1倍台に推される馬は平均的な数字しか残せていないが、4～7倍未満に該当した際は大きく全体の

全体連対率	人気なり連対数	実複勝率	全体複勝率	人気なり複勝圏数
82.3%	2.469	100.0%	89.60%	2.688
66.6%	6.66	80.0%	78.80%	7.88
53.0%	14.31	81.5%	67.00%	18.09
42.8%	8.56	75.0%	56.70%	11.34
33.8%	10.478	35.5%	47.70%	14.787
27.4%	15.892	41.4%	40.20%	23.316
21.1%	11.394	27.8%	32.90%	17.766
16.1%	11.592	33.3%	26.00%	18.72
11.4%	6.156	11.1%	19.50%	10.53
8.6%	8.17	11.6%	15.20%	14.44
5.3%	4.452	6.0%	10.30%	8.652
3.1%	3.751	5.8%	6.00%	7.26
0.8%	1.32	1.8%	1.80%	2.97
実連対数	想定連対数		実３着以内数	想定3着以内数
107	105.204		148	158.439
	102%			**93%**

定となるような買い目が面白いはず。特に2〜4倍未満での勝ち切りが目立っている。1倍台では信用できないところもあるが、人気馬は全体的に勝ち切っているというのが、絞り出しメーターからの結論だ。

全体連対率	人気なり連対数	実複勝率	全体複勝率	人気なり複勝圏数
82.3%	3.292	75.0%	89.60%	3.584
66.6%	33.966	84.3%	78.80%	40.188
53.0%	84.27	74.2%	67.00%	106.53
42.8%	81.32	62.1%	56.70%	107.73
33.8%	70.642	45.9%	47.70%	99.693
27.4%	96.448	36.6%	40.20%	141.504
21.1%	84.189	29.8%	32.90%	131.271
16.1%	69.552	29.6%	26.00%	112.32
11.4%	39.33	18.6%	19.50%	67.275
8.6%	41.968	14.8%	15.20%	74.176
5.3%	24.645	13.3%	10.30%	47.895
3.1%	16.957	7.1%	6.00%	32.82
0.8%	4.824	2.2%	1.80%	10.854
実連対数	想定連対数		実３着以内数	想定3着以内数
661	651.403		1004	975.84
	101%			**103%**

る（1.4倍以下は該当数が少ない）。意外にも過去3年では単勝万馬券馬の勝利はナシ。50〜100倍未満でも全体成績を下回るなど、超人気薄での1着は望めない傾向を示している。

スクリーンヒーロー●血統力絞り出しメーター

単勝オッズ	該当数	実勝率	全体勝率	人気なり勝利数	実連対率
1.0～ 1.4	3	66.7%	63.8%	1.914	66.7%
1.5～ 1.9	10	30.0%	46.4%	4.64	70.0%
2.0～ 2.9	27	51.9%	31.8%	8.586	66.7%
3.0～ 3.9	20	50.0%	23.8%	4.76	60.0%
4.0～ 4.9	31	16.1%	17.1%	5.301	32.3%
5.0～ 6.9	58	15.5%	13.3%	7.714	36.2%
7.0～ 9.9	54	11.1%	10.0%	5.4	13.0%
10.0～14.9	72	11.1%	7.0%	5.04	18.1%
15.0～19.9	54	1.9%	4.4%	2.376	7.4%
20.0～29.9	95	3.2%	3.4%	3.23	6.3%
30.0～49.9	84	2.4%	2.0%	1.68	2.4%
50.0～99.9	121	1.7%	1.2%	1.452	3.3%
100.0～	165	0.6%	0.3%	0.495	0.6%

左：実際の成績　右：人気なり成績 → 実勝数　想定勝数

66　52.588

126%

実勝数は想定勝数を上回っているものの、連対数はほぼ同じ数字、複勝数に至っては想定数を大きく下回る結果になった。つまり、メーター的には勝ち切り型の種牡馬といっていい。馬券的には1着固

ステイゴールド●血統力絞り出しメーター

単勝オッズ	該当数	実勝率	全体勝率	人気なり勝利数	実連対率
1.0～ 1.4	4	50.0%	63.8%	2.552	75.0%
1.5～ 1.9	51	66.7%	46.4%	23.664	82.4%
2.0～ 2.9	159	39.0%	31.8%	50.562	59.1%
3.0～ 3.9	190	26.8%	23.8%	45.22	47.9%
4.0～ 4.9	209	18.7%	17.1%	35.739	30.1%
5.0～ 6.9	352	9.9%	13.3%	46.816	23.3%
7.0～ 9.9	399	11.0%	10.0%	39.9	20.1%
10.0～14.9	432	8.6%	7.0%	30.24	18.1%
15.0～19.9	345	4.3%	4.4%	15.18	10.7%
20.0～29.9	488	3.3%	3.4%	16.592	7.8%
30.0～49.9	465	2.4%	2.0%	9.3	5.8%
50.0～99.9	547	0.9%	1.2%	6.564	4.2%
100.0～	603	0.0%	0.3%	1.809	0.5%

左：実際の成績　右：人気なり成績 → 実勝数　想定勝数

351　324.138

108%

意外性の種牡馬というイメージがあるかもしれないが、絞り出しメーターを見る限り、人気で強いタイプだということがわかるだろう。5倍未満のオッズ帯では全体成績を大きく上回る実勝率、実勝数を残してい

全体連対率	人気なり連対数	実複勝率	全体複勝率	人気なり複勝圏数
82.3%	15.637	89.5%	89.6%	17.024
66.6%	62.604	80.9%	78.8%	74.072
53.0%	110.77	67.0%	67.0%	140.03
42.8%	118.984	55.4%	56.7%	157.626
33.8%	82.472	48.4%	47.7%	116.388
27.4%	119.19	40.9%	40.2%	174.87
21.1%	101.491	29.9%	32.9%	158.249
16.1%	75.992	25.2%	26.0%	122.72
11.4%	44.802	21.1%	19.5%	76.635
8.6%	41.538	13.3%	15.2%	73.416
5.3%	28.249	8.1%	10.3%	54.899
3.1%	15.934	5.4%	6.0%	30.84
0.8%	4.056	1.8%	1.8%	9.126
実連対数	想定連対数		実3着以内数	想定3着以内数
790	821.719		1173	1205.895
	96%			**97%**

い。単勝3倍未満では全体成績を下回る勝率で、勝ち切れていないのだ。唯一、積極的に買いたいオッズ帯が15〜20倍未満。このゾーンでは勝率、連対率、複勝率すべてで全体成績を超える。

全体連対率	人気なり連対数	実複勝率	全体複勝率	人気なり複勝圏数
82.3%	0	0.0%	89.6%	0
66.6%	3.33	100.0%	78.8%	3.94
53.0%	10.6	50.0%	67.0%	13.4
42.8%	12.412	55.2%	56.7%	16.443
33.8%	10.478	54.8%	47.7%	14.787
27.4%	23.564	46.5%	40.2%	34.572
21.1%	20.467	23.7%	32.9%	31.913
16.1%	19.803	28.5%	26.0%	31.98
11.4%	11.628	24.5%	19.5%	19.89
8.6%	12.642	10.9%	15.2%	22.344
5.3%	10.123	12.6%	10.3%	19.673
3.1%	8.556	6.5%	6.0%	16.56
0.8%	4.096	1.4%	1.8%	9.216
実連対数	想定連対数		実3着以内数	想定3着以内数
145	147.699		236	234.718
	98%			**101%**

20倍未満に該当する馬が狙い目か。実複勝率は全体成績を上回っており、1着付けか3着付けの馬券がハマれば3連単4〜5万円前後の配当が狙える(メドウラークなどを参照されたし)。

ダイワメジャー●血統力絞り出しメーター

単勝オッズ	該当数	実勝率	全体勝率	人気なり勝利数	実連対率
1.0〜 1.4	19	57.9%	63.8%	12.122	84.2%
1.5〜 1.9	94	41.5%	46.4%	43.616	60.6%
2.0〜 2.9	209	27.8%	31.8%	66.462	47.4%
3.0〜 3.9	278	24.1%	23.8%	66.164	44.2%
4.0〜 4.9	244	15.2%	17.1%	41.724	36.9%
5.0〜 6.9	435	14.5%	13.3%	57.855	26.9%
7.0〜 9.9	481	9.8%	10.0%	48.1	18.7%
10.0〜14.9	472	7.4%	7.0%	33.04	15.0%
15.0〜19.9	393	5.9%	4.4%	17.292	13.7%
20.0〜29.9	483	2.1%	3.4%	16.422	6.8%
30.0〜49.9	533	1.3%	2.0%	10.66	3.4%
50.0〜99.9	514	1.4%	1.2%	6.168	2.9%
100.0〜	507	0.8%	0.3%	1.521	1.4%

左：実際の成績　右：人気なり成績 →	実勝数	想定勝数
	408	421.146
		97%

　産駒数も多く取捨選択で頭を悩ませられることは少なくないが、過去3年に限定すれば勝ち鞍は物足りない成績だ。また、人気になりやすいことを考えると、馬券的にはあまりオイシクない種牡馬だといってい

タニノギムレット●血統力絞り出しメーター

単勝オッズ	該当数	実勝率	全体勝率	人気なり勝利数	実連対率
1.0〜 1.4	0	0.0%	63.8%	0	0.0%
1.5〜 1.9	5	60.0%	46.4%	2.32	60.0%
2.0〜 2.9	20	30.0%	31.8%	6.36	45.0%
3.0〜 3.9	29	27.6%	23.8%	6.902	44.8%
4.0〜 4.9	31	19.4%	17.1%	5.301	38.7%
5.0〜 6.9	86	19.8%	13.3%	11.438	34.9%
7.0〜 9.9	97	8.2%	10.0%	9.7	14.4%
10.0〜14.9	123	8.1%	7.0%	8.61	14.6%
15.0〜19.9	102	6.9%	4.4%	4.488	10.8%
20.0〜29.9	147	1.4%	3.4%	4.998	4.8%
30.0〜49.9	191	2.6%	2.0%	3.82	7.9%
50.0〜99.9	276	0.4%	1.2%	3.312	4.0%
100.0〜	512	0.0%	0.3%	1.536	0.4%

左：実際の成績　右：人気なり成績 →	実勝数	想定勝数
	73	68.785
		106%

　可もなく不可もなくというのが、絞り出しメーターから見たタニノギムレットの現状だ。実際の連対数こそ想定連対数を少し下回ってしまったが、勝数、複勝数では想定数を超えている状況。馬券的には10〜

全体連対率	人気なり連対数	実複勝率	全体複勝率	人気なり複勝圏数
82.3%	8.23	80.0%	89.6%	8.96
66.6%	5.328	75.0%	78.8%	6.304
53.0%	10.07	84.2%	67.0%	12.73
42.8%	8.988	76.2%	56.7%	11.907
33.8%	2.704	50.0%	47.7%	3.816
27.4%	3.836	28.6%	40.2%	5.628
21.1%	4.853	30.4%	32.9%	7.567
16.1%	2.576	37.5%	26.0%	4.16
11.4%	1.596	42.9%	19.5%	2.73
8.6%	1.72	10.0%	15.2%	3.04
5.3%	1.908	8.3%	10.3%	3.708
3.1%	0.837	14.8%	6.0%	1.62
0.8%	0.312	7.7%	1.8%	0.702

実連対数	想定連対数		実３着以内数	想定3着以内数
61	52.958		85	72.872
	115%			**117%**

況だ。ダートだけに限定すれば、実勝数、実連対数、実複勝数は想定よりもさらに高い数字を残すだろう。また、穴馬券はほとんど期待できない。単勝10倍以上の馬で勝利したのは、たったの１頭である。

全体連対率	人気なり連対数	実複勝率	全体複勝率	人気なり複勝圏数
82.3%	7.407	88.9%	89.6%	8.064
66.6%	31.968	89.6%	78.8%	37.824
53.0%	72.08	55.1%	67.0%	91.12
42.8%	64.628	57.0%	56.7%	85.617
33.8%	50.7	56.0%	47.7%	71.55
27.4%	73.158	38.2%	40.2%	107.334
21.1%	68.153	33.4%	32.9%	106.267
16.1%	49.749	25.6%	26.0%	80.34
11.4%	22.914	21.9%	19.5%	39.195
8.6%	26.66	17.4%	15.2%	47.12
5.3%	17.384	12.2%	10.3%	33.784
3.1%	10.974	5.1%	6.0%	21.24
0.8%	3.32	1.2%	1.8%	7.47

実連対数	想定連対数		実３着以内数	想定3着以内数
508	499.095		746	736.925
	102%			**101%**

的といったところ。単勝１倍台は芝に限れば【16−3−3−2】と勝ち切っているのが目立つし、16年6月12日シャケトラ（1.7倍、1着）以降は必ず3着以内に来ており堅実度は高い。

ヘニーヒューズ●血統力絞り出しメーター

単勝オッズ	該当数	実勝率	全体勝率	人気なり勝利数	実連対率
1.0～ 1.4	10	60.0%	63.8%	6.38	70.0%
1.5～ 1.9	8	37.5%	46.4%	3.712	62.5%
2.0～ 2.9	19	52.6%	31.8%	6.042	84.2%
3.0～ 3.9	21	38.1%	23.8%	4.998	61.9%
4.0～ 4.9	8	25.0%	17.1%	1.368	37.5%
5.0～ 6.9	14	7.1%	13.3%	1.862	7.1%
7.0～ 9.9	23	8.7%	10.0%	2.3	17.4%
10.0～14.9	16	0.0%	7.0%	1.12	12.5%
15.0～19.9	14	0.0%	4.4%	0.616	21.4%
20.0～29.9	20	0.0%	3.4%	0.68	5.0%
30.0～49.9	36	0.0%	2.0%	0.72	5.6%
50.0～99.9	27	3.7%	1.2%	0.324	11.1%
100.0～	39	0.0%	0.3%	0.117	5.1%

左：実際の成績　右：人気なり成績→	実勝数	想定勝数
	33	30.239
		109%

　ここは外国産馬や持ち込みで走っている馬と日本で供用された馬の合算成績だが、どちらの場合でも、芝は大きくマイナスという状況。ちなみに、芝で単勝1倍台に支持された馬は5頭いて未勝利という状

マンハッタンカフェ●血統力絞り出しメーター

単勝オッズ	該当数	実勝率	全体勝率	人気なり勝利数	実連対率
1.0～ 1.4	9	55.6%	63.8%	5.742	77.8%
1.5～ 1.9	48	54.2%	46.4%	22.272	77.1%
2.0～ 2.9	136	30.1%	31.8%	43.248	50.7%
3.0～ 3.9	151	22.5%	23.8%	35.938	42.4%
4.0～ 4.9	150	23.3%	17.1%	25.65	40.7%
5.0～ 6.9	267	13.1%	13.3%	35.511	26.2%
7.0～ 9.9	323	8.4%	10.0%	32.3	20.7%
10.0～14.9	309	6.5%	7.0%	21.63	16.2%
15.0～19.9	201	5.0%	4.4%	8.844	11.9%
20.0～29.9	310	3.5%	3.4%	10.54	7.7%
30.0～49.9	328	2.4%	2.0%	6.56	6.7%
50.0～99.9	354	1.1%	1.2%	4.248	3.4%
100.0～	415	0.0%	0.3%	1.245	0.2%

左：実際の成績　右：人気なり成績→	実勝数	想定勝数
	256	253.728
		101%

　勝数、連対数、複勝数の3部門すべてで100%を上回ったのは、健闘しているといっていいだろう。芝でもダートでも堅実に走るタイプの馬で、汎用性が高い種牡馬だ。絞り出しメーター上はよくも悪くも平均

全体連対率	人気なり連対数	実複勝率	全体複勝率	人気なり複勝圏数
82.3%	4.115	100.0%	89.6%	4.48
66.6%	9.99	73.3%	78.8%	11.82
53.0%	11.13	81.0%	67.0%	14.07
42.8%	9.844	82.6%	56.7%	13.041
33.8%	4.056	58.3%	47.7%	5.724
27.4%	7.124	26.9%	40.2%	10.452
21.1%	2.11	40.0%	32.9%	3.29
16.1%	3.542	9.1%	26.0%	5.72
11.4%	1.254	0.0%	19.5%	2.145
8.6%	1.548	22.2%	15.2%	2.736
5.3%	0.583	27.3%	10.3%	1.133
3.1%	0.465	6.7%	6.0%	0.9
0.8%	0.088	9.1%	1.8%	0.198

実連対数	想定連対数		実３着以内数	想定3着以内数
58	55.849		81	75.709
	104%			**107%**

い。ちなみに37勝中22勝が１番人気で挙げたもの。また、牝馬で単勝10倍以上の馬で3着以内に入ったのは4頭のみ。10倍以上で勝利を挙げているのはすべて牡馬だ。人気薄では性別もチェックしたい。

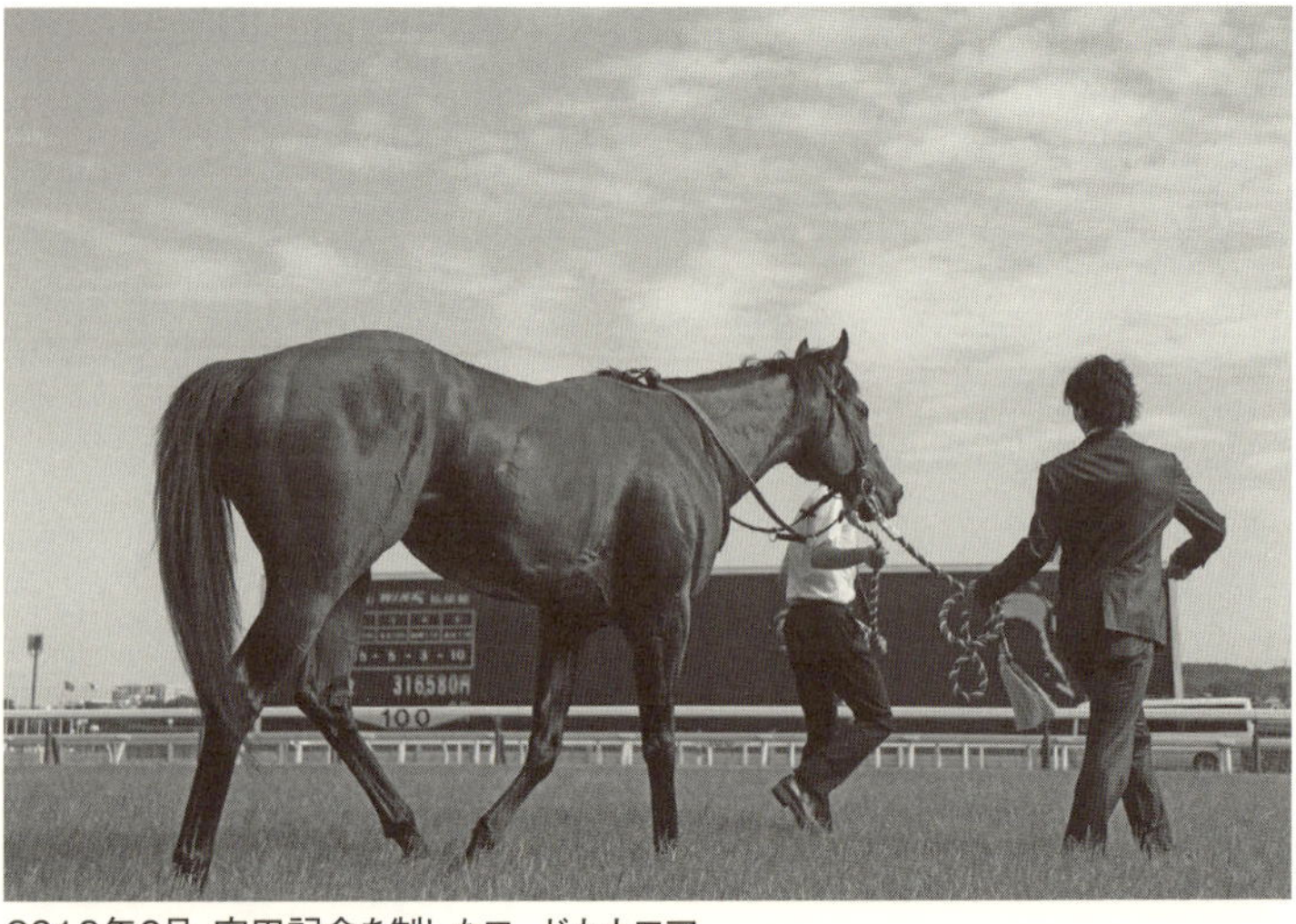

2013年6月、安田記念を制したロードカナロア。

ロードカナロア●血統力絞り出しメーター

単勝オッズ	該当数	実勝率	全体勝率	人気なり勝利数	実連対率
1.0〜 1.4	5	80.0%	63.8%	3.19	100.0%
1.5〜 1.9	15	53.3%	46.4%	6.96	66.7%
2.0〜 2.9	21	47.6%	31.8%	6.678	71.4%
3.0〜 3.9	23	34.8%	23.8%	5.474	52.2%
4.0〜 4.9	12	16.7%	17.1%	2.052	16.7%
5.0〜 6.9	26	0.0%	13.3%	3.458	15.4%
7.0〜 9.9	10	10.0%	10.0%	1	20.0%
10.0〜14.9	22	0.0%	7.0%	1.54	4.5%
15.0〜19.9	11	0.0%	4.4%	0.484	0.0%
20.0〜29.9	18	11.1%	3.4%	0.612	16.7%
30.0〜49.9	11	18.2%	2.0%	0.22	27.3%
50.0〜99.9	15	0.0%	1.2%	0.18	0.0%
100.0〜	11	0.0%	0.3%	0.033	9.1%

	実勝数	想定勝数
左：実際の成績　右：人気なり成績→	37	31.881
		116%

まだまだ一世代だけの成績なので変わる可能性も高いと思うが、すべての想定数を上回っているのが特徴だ。4倍未満の人気馬は勝ち切っているのがわかるし、実複勝数も想定数より多いのは間違いな

その4年後の17年6月、同じ東京マイルで初勝利を飾った、産駒のステルヴィオ。

◎2017年JRAリーディングサイアー（平地獲得賞金順）

順位	種牡馬	賞金合計	勝率	連対率	複勝率	単回値	複回値
1	ディープインパクト	565459万円	12.4%	23.5%	34.3%	65	78
2	キングカメハメハ	398879万円	10.2%	20.0%	28.4%	82	86
3	ハーツクライ	309121万円	7.7%	15.7%	25.0%	58	66
4	ステイゴールド	295689万円	9.8%	17.9%	26.0%	73	77
5	ダイワメジャー	267645万円	8.6%	16.6%	24.0%	69	65
6	ハービンジャー	194244万円	7.3%	13.3%	21.8%	61	71
7	マンハッタンカフェ	179569万円	7.9%	16.8%	25.7%	69	79
8	クロフネ	177688万円	8.4%	16.3%	25.0%	59	66
9	ゴールドアリュール	146493万円	7.9%	15.4%	22.2%	85	70
10	ブラックタイド	144241万円	5.9%	10.9%	16.8%	73	76
11	アドマイヤムーン	138488万円	9.3%	17.4%	23.7%	67	74
12	ルーラーシップ	124519万円	10.1%	20.5%	29.2%	61	74
13	キンシャサノキセキ	115335万円	7.6%	15.0%	23.1%	75	73
14	ネオユニヴァース	108817万円	5.9%	13.1%	19.8%	56	72
15	エンパイアメーカー	105363万円	7.1%	14.5%	21.5%	62	74
16	サウスヴィグラス	94890万円	7.8%	15.5%	23.1%	83	85
17	シンボリクリスエス	89178万円	6.3%	14.1%	21.4%	43	58
18	ゼンノロブロイ	88641万円	4.9%	10.5%	17.0%	107	75
19	シニスターミニスター	74544万円	12.0%	21.5%	26.9%	117	90
20	ヴィクトワールピサ	72414万円	6.9%	15.0%	22.4%	78	77
21	メイショウボーラー	66584万円	6.0%	11.3%	17.0%	80	81
22	カネヒキリ	62824万円	8.3%	13.6%	20.8%	67	70
23	マツリダゴッホ	59409万円	4.2%	9.2%	15.6%	50	53
24	ディープブリランテ	58365万円	7.4%	14.2%	21.6%	94	83
25	アグネスデジタル	58175万円	7.5%	15.8%	23.8%	113	85
26	ジャングルポケット	57969万円	5.0%	10.6%	15.0%	105	63
27	パイロ	57739万円	4.9%	10.7%	17.3%	44	60
28	メイショウサムソン	57492万円	5.0%	12.6%	17.2%	54	64
29	ロージズインメイ	56531万円	7.5%	10.3%	16.3%	92	63
30	ヨハネスブルグ	52600万円	8.4%	14.6%	19.2%	55	70

秘宝館 2

狙いはここだ!
個性派種牡馬19頭

アドマイヤムーン
ヴィクトワールピサ
カジノドライヴ
キングズベスト
クリストワイニング
スウェプトオーヴァーボード
ストリートセンス
タイムパラドックス
タートルボウル
ドリームジャーニー
ハードスパン
バトルプラン
フリオーソ
マツリダゴッホ
メイショウサムソン
メイショウボーラー
ヨハネスブルグ
ローエングリン
ワイルドラッシュ

この章では、産駒の好走スポットをピンポイントで絞りやすい種牡馬をピックアップしています。自信をもって買えるのはどんなときなのかをデータで紹介していきますが、ひとつご注意いただきたいのは、「ここしか走らない」という意味ではないということです。「特に走る、高確率で走る条件」とお考え下さい。

アドマイヤムーン
ミスタープロスペクター系

◆ここで狙え！

①阪神芝1200m

②京都芝内回り1600m

③新潟芝直線競馬での牝馬

【補足事項】新潟の芝直線競馬での牝馬は3着以内が10回あるが、これは5頭でマークしたもの。特定の馬に偏っているわけではない。ミスプロ系の中でもフォーティナイナーのラインらしい馬力も兼備している。

（血統力絞り出し表P94～95）

ヴィクトワールピサ

ヘイロー系

◆ここで狙え!

①芝内枠時
②小倉芝1800m
③東京芝2000m
④阪神芝1600m
⑤中京芝1400m
⑥京都芝の新馬戦

【補足事項】決め手に欠けるきらいのあるネオユニヴァースのラインだけに、基本は勝ち切れない産駒が多いが、軸としての信頼度が増すのはこれらの条件となる。

芝内枠は、1枠の勝率が1位、2枠が2位。特に2枠は単勝人気平均順位最下位の枠であるので、信憑性は高まる。ちなみにダートも1枠と2枠で、1、2位となっている。

小倉芝1800mの3着以内8回、中京芝1400mの3着

アドマイヤムーン●狙い時データ

コース	1着	2着	3着	4着以下	勝率	連対率	複勝率
阪神芝1200	10	7	3	23	23.3	39.5	46.5
京都芝1600内	7	5	2	17	22.6	38.7	45.2
新潟芝直1000	4	4	2	18	14.3	28.6	35.7

ヴィクトワールピサ●狙い時データ

コース他	1着	2着	3着	4着以下	勝率	連対率	複勝率
小倉芝1800	5	0	3	10	27.8	27.8	44.4
東京芝2000	3	10	3	20	8.3	36.1	44.4
阪神芝1600	2	7	5	20	5.9	26.5	41.2
中京芝1400	3	2	1	9	20.0	33.3	40.0
京都芝・新馬	3	4	3	12	13.6	31.8	45.5

以内6回は、すべて異なる馬による。
得意としている京都芝の新馬戦では、内回りの1600mだけは除くこと。

（血統力絞り出し表P94～95）

カジノドライヴ

ボールドルーラー系

◆ここで狙え！

①ダート不良馬場

②京都ダート1400m

③ダート1000万下、1600万下

④前走ダートで初勝利馬のダート昇級戦

【補足事項】ボールドルーラー系のエーピーインディのライン。ダート不良馬場の単勝回収率353％、複勝回収率351％で人気薄が激走する。
京都ダート1400mは単勝回収率154％、複勝回収率134％に達する。

（血統力絞り出し表P96～97）

カジノドライヴ●狙い時データ（すべてダート）

コース他	1着	2着	3着	4着以下	勝率	連対率	複勝率
不良馬場	5	7	5	19	13.9	33.3	47.2
京都ダ1400	8	2	7	26	18.6	23.3	39.5
1000万、1600万	13	8	8	40	18.8	30.4	42.0
前走ダート初勝利	3	3	7	15	10.7	21.4	46.4

キングズベスト

ミスプロ系

◆ここで狙え！
福島芝１２００ｍ

【補足事項】キングマンボのラインで、外国産馬を入れていた頃の産駒は、大半が中長距離馬だった。しかし日本供用での産駒は、むしろ１８００ｍ以下がよくなっている。

好走ポイントがなかなか見あたらない種牡馬だが、この福島芝１２００ｍだけは鬼となる。３着以内10回は７頭でマークしている。（血統力絞り出し表Ｐ96～97）

クリストワイニング

ミスタープロスペクター系

◆ここで狙え！
ダート３歳未勝利戦

【補足事項】期間内に芝で３着以内があるのはアイスフィヨルドだけ。基本的にダート専用。そしてダートでも、３歳未勝利戦以外は【０―０―４―48】だ。なお距離は意

キングズベスト●狙い時データ

コース	1着	2着	3着	4着以下	勝率	連対率	複勝率
福島芝1200	7	1	2	12	31.8	36.4	45.5

クリストワイニング●狙い時データ

レース	1着	2着	3着	4着以下	勝率	連対率	複勝率
ダート3歳未勝利	5	2	5	24	13.9	19.4	33.3

外と気にしなくていい。

ダート3歳未勝利戦では単勝回収率215%、複勝回収率283%で人気薄の激走が目立つ。

（血統力絞り出し表P98～99）

スウェプトオーヴァーボード

ミスタープロスペクター系

◆ここで狙え！

①札幌ダート1000m

②函館ダート1000m

③新潟ダート1200m（未勝利戦限定）

【補足事項】フォーティナイナーのラインでエンドスウィープ産駒の種牡馬。仕上がり早く、中山ダート1200mでも、2歳戦の芝短距離でも走れるが、高確率となるとこの3点。

札幌ダート1000mの連対7回は4頭でマーク、函館ダート1000mの3着以内7回は5頭でマークしたもの。また新潟ダート1200mの未勝利戦は、2、3歳戦ともに信頼できる。

（血統力絞り出し表P98～99）

ストリートセンス

ミスタープロスペクター系

◆ここで狙え！

①1000万下
②阪神ダート1400m
③京都ダート1400m
④函館芝1200m

【補足事項】マキャヴェリアンの流れに属する。仕上がりの早さは特筆もの。1000万下は芝・ダート関係なしで、3着以内10回は7頭でマーク。また函館芝1200mの連対4回は3頭でマーク。数少ない芝での決め打ちできるコースといっていい。

（血統力絞り出し表P100〜101）

（血統力絞り出し表P100〜101）

タイムパラドックス

ロベルト系

◆ここで狙え！

スウェプトオーヴァーボード●狙い時データ

コース	1着	2着	3着	4着以下	勝率	連対率	複勝率
札幌ダ1000	4	3	0	12	21.1	36.8	36.8
函館ダ1000	3	2	2	14	14.3	23.8	33.3
新潟ダ1200未勝利	3	0	3	11	17.6	17.6	35.3

ストリートセンス●狙い時データ

コース他	1着	2着	3着	4着以下	勝率	連対率	複勝率
1000万下	4	4	2	12	18.2	36.4	45.5
阪神ダ1400	6	3	2	18	20.7	31.0	37.9
京都ダ1400	6	5	0	21	17.1	31.4	31.4
函館芝1200	2	2	0	6	20.0	40.0	40.0

①福島ダート1150m

②ダートの連闘

【補足事項】福島ダート1150mの3着以内4回はすべて異なる馬。またダート連闘の好走率は異常で、3着以内13回は8頭によるもの、単勝回収率271%、複勝回収率232%。人気に関わらず狙い撃ちしたい。

（血統力絞り出し表P100～101）

タートルボウル

ノーザンダンサー系

◆ここで狙え！

中山ダート1800m

【補足事項】ノーザンダンサー系でも傍系の異色のライン。中山ダート1800mの3着以内9回は6頭による。ダートでは平坦に弱く、直線に急坂があるコースでこそ。

芝も走れるが、芝もダートも2000m以上では信頼度が下がる。

（血統力絞り出し表P102～103）

タイムパラドックス●狙い時データ

コース他	1着	2着	3着	4着以下	勝率	連対率	複勝率
福島ダ1150	2	0	2	6	20.0	20.0	40.0
ダート連闘	3	3	7	6	15.8	31.6	68.4

タートルボウル●狙い時データ

コース	1着	2着	3着	4着以下	勝率	連対率	複勝率
中山ダ1800	3	0	6	12	14.3	14.3	42.9

ドリームジャーニー

ヘイロー系

◆ここで狙え！

①中山芝

②芝・ダート問わず連闘

【補足事項】とにかく中山芝での安定度は抜群。なお2000、2200mは、少し特定の産駒に偏り気味ではあるが、ベストコースといっていい。洋芝オンリーの北海道シリーズは苦手にしている。

連闘時の3着以内6回は5頭でマークしている。複勝回収率138％。

（血統力絞り出し表P102～103）

ハードスパン

ダンチヒ系

◆ここで狙え！

①京都ダート

②ダート新馬戦

ドリームジャーニー●狙い時データ

コース他	1着	2着	3着	4着以下	勝率	連対率	複勝率
中山芝	11	8	7	40	16.7	28.8	39.4
連闘総合	1	1	4	9	6.7	13.3	40.0

【補足事項】外国産馬・日本供用後を含むデータとなる。京都ダートでの3着以内10回は9頭によるもの。なお中山、阪神のような、直線に急坂のあるコースでは勝ち切れないことが多い。

またダート新馬戦の複勝回収率は120%。ダートでは概して距離不問だが、意外と距離短縮時は不振。（血統力絞り出し表P104～105）

バトルプラン

ミスタープロスペクター系系

◆ここで狙え！

①福島ダート1150m

②中山ダート1800mの新馬戦

【補足事項】福島ダート1150mの3着以内5回は4頭による。なお概して距離不問。ブレスジャーニーのように芝を走る産駒はいるが、集計期間内の芝での勝ち鞍は2歳戦のみだった。（血統力絞り出し表P104～105）

ハードスパン●狙い時データ（いずれもダート）

コース他	1着	2着	3着	4着以下	勝率	連対率	複勝率
京都	6	2	2	12	27.3	36.4	45.5
新馬戦	5	4	3	13	20.0	36.0	48.0

バトルプラン●狙い時データ

コース他	1着	2着	3着	4着以下	勝率	連対率	複勝率
福島ダ1150	2	2	1	6	18.2	36.4	45.5
中山ダ1800新馬	2	1	0	5	25.0	37.5	37.5

フリオーソ　ロベルト系

◆ここで狙え！

小倉芝１２００ｍ

【補足事項】本来はダート種牡馬であり、芝では期間内は未勝利。しかし、ダートでは見事に傾向が分散してしまい、強調点が見あたらなかった。代わりに芝での、まさにピンポイントの走り場所を挙げておく。３着以内５回は３頭によるもので、九州産馬含めすべてが夏競馬での出走だった。ダートでは新潟１８００ｍで安定。

（血統力絞り出し表Ｐ１０６～１０７）

マツリダゴッホ　ヘイロー系

◆ここで狙え！

①新潟芝１２００ｍ

②小倉芝１２００ｍの冬開催

③芝連闘

フリオーソ●狙い時データ

コース他	1着	2着	3着	4着以下	勝率	連対率	複勝率
小倉芝1200	0	4	1	4	0	44.4	55.6
新潟ダ1800	2	2	1	6	18.2	36.4	45.5

④芝オープン特別

【補足事項】 基本は芝種牡馬。ダートでは下級条件のみとなる。また芝では2000m以下に絞っていい。小倉芝1200mの冬開催では穴種牡馬でもあり、7勝中6勝は4番人気以下でのもの。単勝回収率190%、複勝回収率105%だ。

また芝の連闘は、率に直すとそれほどでもないのだが、勝ち切り方が異常に偏る。7勝はすべて異なる馬。

芝のオープン特別で安定して好成績ということは、それだけB級オープン馬が多いということ。マイネルハニー、アルマワイオリ、ディバインコードと並べれば納得だろう。

(血統力絞り出し表P106~107)

メイショウサムソン

サドラーズウェルズ系

◆ここで狙え!

①函館芝1800m

マツリダゴッホ●狙い時データ

コース他	1着	2着	3着	4着以下	勝率	連対率	複勝率
新潟芝1200	4	2	3	14	17.4	26.1	39.1
小倉芝1200冬	7	3	4	43	12.3	17.5	24.6
芝・連闘	7	0	2	41	14.0	14.0	18.0
芝オープン特別	4	11	6	30	7.8	29.4	41.2

メイショウサムソン●狙い時データ

コース他	1着	2着	3着	4着以下	勝率	連対率	複勝率
函館芝1800	1	3	3	10	5.9	23.5	41.2
1000万・牝・芝1400上	4	6	6	22	10.5	26.3	42.1
京都芝2000・牡	5	2	1	15	21.7	30.4	34.8
芝オープン特別	4	11	6	30	7.8	29.4	41.2

②1000万下・牝馬・芝1400m以上
③牡馬・京都芝2000m
【補足事項】基本的に晩成型で、4歳がピーク。

函館芝1800mの3着以内7回は5頭による。

産駒に性差が出るのが特徴で、1000万下の芝1400m以上における牝馬（限定戦に限らない）は、3着以内16回を7頭でマークしている。複勝回収率も118%だ。

そして牡馬は京都芝2000mでなぜか安定しており、3着以内8回は5頭による。季節は不問だ。

（血統力絞り出し表P108〜109）

メイショウボーラー ヘイロー系

◆ここで狙え！
①新潟芝1200m
②古馬500万下の阪神ダート1400m
【補足事項】サンデーサイレンスを経由しないヘイロー系で、タイキシャトル産駒の種牡馬。一本調子のスピードが持ち味。

新潟芝1200mの3着以内5回は4頭による。

また阪神ダート1400mの「古馬500万下」というのは、「3歳以上、4歳以上の500万下」という意味である。本当の意味での古馬ではないので要注意。単勝回収率145%、複勝回収率104%だ。

なおダートの勝率、連対率、複勝率では、いずれも牝馬が、牡馬の2倍以上高い数字となっている。

（血統力絞り出し表P108〜109）

ヨハネスブルグ

ストームバード系

◆ここで狙え！

①函館芝1200m
②新潟芝直線1000m
③京都ダート1200m
④ダート関西場の未勝利戦

【補足事項】ダートの印象が強いが、芝でも互角に走れる。ネロやタガノブルグを思い起こしていただきたい。新潟直線競馬は、3着以内9回を4頭でマークしている。

メイショウボーラー●狙い時データ

コース他	1着	2着	3着	4着以下	勝率	連対率	複勝率
新潟芝1200	4	1	0	6	30.8	38.5	38.5
阪神ダ1400古500万	5	0	5	19	17.2	17.2	34.5

もちろんネロが大きく貢献しているが、決してこの馬だけが引き上げた数字ではない。

ダートは１８００ｍまでなら距離不問。特に京都ダート１２００ｍの安定度は高く、単勝回収率１６８％、複勝回収率１５９％と馬券妙味も十分。

また「ダート関西場」というのは、「中京、阪神、京都、小倉」の４競馬場を意味する。関西馬という意味ではないので要注意。そして未勝利戦は２、３歳戦両方を指す。複勝回収率も１３７％に達する。ただ未勝利戦を勝ち上がるには何戦かかかる馬が多い。

（血統力絞り出し表Ｐ１１０〜１１１）

ローエングリン

サドラーズウェルズ系

◆ここで狙え！

①東京芝１６００ｍ

②中山芝１６００ｍ（新馬戦除く）

③芝１４００ｍ（中京以外）

④連闘

ヨハネスブルグ●狙い時データ

	1着	2着	3着	4着以下	勝率	連対率	複勝率
函館芝1200	6	4	1	20	19.4	32.3	35.5
新潟芝直1000	4	4	1	16	16.0	32.0	36.0
京都ダ1200	7	4	6	29	15.2	23.9	37.0
関西場ダ未勝利	9	9	13	36	13.4	26.9	46.3

【補足事項】基本的に勝ち切れない産駒が多い。東京芝1600mは勝率は低いが、連対率、複勝率で高くなる。また中山芝1600mは、新馬戦を除いたときの複勝率が高い。

芝1400mではなぜか中京だけは苦手としていて、これを除くと複勝率は高く、複勝回収率は132%。連闘は芝・ダート不問で走る。

（血統力絞り出し表P110〜111）

ワイルドラッシュ

ニアークティック系

◆ここで狙え！

①札幌ダート1700m

②東京ダート1600mの未勝利、500万

【補足事項】札幌ダート1700mの3着以内6回は5頭でマークしている。

上級クラスでは得意のダートでも厳しくなっているが、未勝利戦と500万（ともに年齢不問）に限れば、東京ダート1600mでは単勝回収率957%、複勝回収率215%と人気薄が激走する（ラインフェ

ローエングリン●狙い時データ

コース他	1着	2着	3着	4着以下	勝率	連対率	複勝率
東京芝1600	1	7	3	21	3.1	25.0	34.4
中山芝1600・新馬以外	2	4	3	18	7.4	22.2	33.3
芝1400・中京以外	5	3	12	39	8.5	13.6	33.9
連闘総合	2	2	2	12	11.1	22.2	33.3

ワイルドラッシュ●狙い時データ

	1着	2着	3着	4着以下	勝率	連対率	複勝率
札幌ダ1700	2	2	2	9	13.3	26.7	40.0
東京ダ1600・未・500万	5	6	1	31	11.6	25.6	27.9

ルス、オヒアレフアなど）。なお連対11回のうち、6回は4番人気以下でマークしたもの。

（血統力絞り出し表P112～113）

	全体連対率	人気なり連対数	実複勝率	全体複勝率	人気なり複勝圏数
	82.3%	2.469	100.0%	89.6%	2.688
	66.6%	13.32	80.0%	78.8%	15.76
	53.0%	41.34	61.5%	67.0%	52.26
	42.8%	44.512	57.7%	56.7%	58.968
	33.8%	40.898	44.6%	47.7%	57.717
	27.4%	39.73	51.0%	40.2%	58.29
	21.1%	37.98	35.6%	32.9%	59.22
	16.1%	30.59	24.7%	26.0%	49.4
	11.4%	17.556	20.1%	19.5%	30.03
	8.6%	18.576	12.0%	15.2%	32.832
	5.3%	12.72	9.6%	10.3%	24.72
	3.1%	7.626	7.3%	6.0%	14.76
	0.8%	3.128	1.0%	1.8%	7.038
	実連対数	想定連対数		実３着以内数	想定3着以内数
	322	310.445		468	463.683
		104%			**101%**

成績は全体的にイマイチ。芝だけの絞り出しメーターに限定すれば、実勝数114%、実連対数108%、実複勝数104%と、大きく上回る数値を叩き出す優良種牡馬なのだ。

	全体連対率	人気なり連対数	実複勝率	全体複勝率	人気なり複勝圏数
	82.3%	4.115	100.0%	89.6%	4.48
	66.6%	20.646	64.5%	78.8%	24.428
	53.0%	27.03	64.7%	67.0%	34.17
	42.8%	30.816	56.9%	56.7%	40.824
	33.8%	26.702	46.8%	47.7%	37.683
	27.4%	30.414	41.4%	40.2%	44.622
	21.1%	28.696	33.8%	32.9%	44.744
	16.1%	27.209	26.6%	26.0%	43.94
	11.4%	10.146	11.2%	19.5%	17.355
	8.6%	11.094	12.4%	15.2%	19.608
	5.3%	7.738	12.3%	10.3%	15.038
	3.1%	5.425	6.9%	6.0%	10.5
	0.8%	1.448	2.2%	1.8%	3.258
	実連対数	想定連対数		実３着以内数	想定3着以内数
	232	231.479		333	340.65
		100%			**98%**

いるのだ。特に単勝10倍台の馬の成績が伸び悩んでいる。15倍以上～20倍未満の実勝率は、全体勝率の半分しかない状況。複勝率も8%も低く苦戦しているのは明白だろう。

アドマイヤムーン●血統力絞り出しメーター

単勝オッズ	該当数	実勝率	全体勝率	人気なり勝利数	実連対率
1.0〜 1.4	3	100.0%	63.8%	1.914	100.0%
1.5〜 1.9	20	60.0%	46.4%	9.28	70.0%
2.0〜 2.9	78	29.5%	31.8%	24.804	50.0%
3.0〜 3.9	104	27.9%	23.8%	24.752	46.2%
4.0〜 4.9	121	16.5%	17.1%	20.691	30.6%
5.0〜 6.9	145	13.8%	13.3%	19.285	35.2%
7.0〜 9.9	180	11.7%	10.0%	18	25.0%
10.0〜14.9	190	5.3%	7.0%	13.3	13.7%
15.0〜19.9	154	4.5%	4.4%	6.776	14.3%
20.0〜29.9	216	2.3%	3.4%	7.344	7.9%
30.0〜49.9	240	3.8%	2.0%	4.8	4.6%
50.0〜99.9	246	1.2%	1.2%	2.952	3.3%
100.0〜	391	0.0%	0.3%	1.173	0.3%

左：実際の成績　右：人気なり成績 →	実勝数	想定勝数
	162	155.071
		104%

勝数、連対数は想定数をしっかりと上回っているし、複勝数はほぼイーブンという格好だ。つまり馬券になる際は1、2着になるケースが狙い目ということ。また、フォーティーナイナー系の種牡馬だが、ダートの

ヴィクトワールピサ●血統力絞り出しメーター

単勝オッズ	該当数	実勝率	全体勝率	人気なり勝利数	実連対率
1.0〜 1.4	5	100.0%	63.8%	3.19	100.0%
1.5〜 1.9	31	51.6%	46.4%	14.384	58.1%
2.0〜 2.9	51	25.5%	31.8%	16.218	47.1%
3.0〜 3.9	72	23.6%	23.8%	17.136	48.6%
4.0〜 4.9	79	10.1%	17.1%	13.509	24.1%
5.0〜 6.9	111	12.6%	13.3%	14.763	32.4%
7.0〜 9.9	136	11.0%	10.0%	13.6	23.5%
10.0〜14.9	169	5.3%	7.0%	11.83	16.6%
15.0〜19.9	89	2.2%	4.4%	3.916	9.0%
20.0〜29.9	129	2.3%	3.4%	4.386	10.1%
30.0〜49.9	146	1.4%	2.0%	2.92	4.1%
50.0〜99.9	175	1.7%	1.2%	2.1	3.4%
100.0〜	181	0.0%	0.3%	0.543	1.1%

左：実際の成績　右：人気なり成績 →	実勝数	想定勝数
	107	118.495
		90%

2017年12月に社台スタリオンSからブリーダーズSSへ移籍。それからもわかるように、絞り出しメーターを見ても勝ち切れていないのがわかる。連対数こそほぼ想定数通りだが、複勝数も100%を割り込んで

全体連対率	人気なり連対数	実複勝率	全体複勝率	人気なり複勝圏数
82.3%	0	0.0%	89.6%	0
66.6%	9.324	78.6%	78.8%	11.032
53.0%	11.13	81.0%	67.0%	14.07
42.8%	14.124	54.5%	56.7%	18.711
33.8%	9.126	44.4%	47.7%	12.879
27.4%	15.618	43.9%	40.2%	22.914
21.1%	13.293	36.5%	32.9%	20.727
16.1%	10.465	29.2%	26.0%	16.9
11.4%	6.156	27.8%	19.5%	10.53
8.6%	3.784	20.5%	15.2%	6.688
5.3%	4.346	4.9%	10.3%	8.446
3.1%	3.162	9.8%	6.0%	6.12
0.8%	1.584	3.0%	1.8%	3.564

実連対数	想定連対数		実３着以内数	想定3着以内数
112	102.112		169	152.581
	110%			**111%**

約2倍もあり優秀といっていい。単勝3～5倍未満も実勝率は高い。人気馬だけではなく、単勝50倍～100倍未満の約1割が3着以内に入っており、穴馬でもしっかりと結果を残している。

全体連対率	人気なり連対数	実複勝率	全体複勝率	人気なり複勝圏数
82.3%	0.823	100.0%	89.6%	0.896
66.6%	0	0.0%	78.8%	0
53.0%	9.54	66.7%	67.0%	12.06
42.8%	5.564	61.5%	56.7%	7.371
33.8%	9.802	48.3%	47.7%	13.833
27.4%	9.59	17.1%	40.2%	14.07
21.1%	7.807	32.4%	32.9%	12.173
16.1%	9.66	13.3%	26.0%	15.6
11.4%	4.218	16.2%	19.5%	7.215
8.6%	4.816	10.7%	15.2%	8.512
5.3%	4.611	5.7%	10.3%	8.961
3.1%	3.813	0.8%	6.0%	7.38
0.8%	1.488	1.1%	1.8%	3.348

実連対数	想定連対数		実３着以内数	想定3着以内数
55	71.732		81	111.419
	77%			**73%**

以上で勝利したのはたったの1頭。人気馬も苦戦傾向で、単勝5～7倍未満の馬が35頭走って0勝というのは衝撃的だ。絞り出しメーター上では、想像以上に産駒が走っていない種牡馬という結論だ。

カジノドライヴ●血統力絞り出しメーター

単勝オッズ	該当数	実勝率	全体勝率	人気なり勝利数	実連対率
1.0〜 1.4	0	0.0%	63.8%	0	0.0%
1.5〜 1.9	14	50.0%	46.4%	6.496	57.1%
2.0〜 2.9	21	61.9%	31.8%	6.678	66.7%
3.0〜 3.9	33	30.3%	23.8%	7.854	48.5%
4.0〜 4.9	27	29.6%	17.1%	4.617	33.3%
5.0〜 6.9	57	12.3%	13.3%	7.581	26.3%
7.0〜 9.9	63	12.7%	10.0%	6.3	25.4%
10.0〜14.9	65	6.2%	7.0%	4.55	20.0%
15.0〜19.9	54	5.6%	4.4%	2.376	14.8%
20.0〜29.9	44	4.5%	3.4%	1.496	6.8%
30.0〜49.9	82	1.2%	2.0%	1.64	1.2%
50.0〜99.9	102	2.9%	1.2%	1.224	7.8%
100.0〜	198	0.5%	0.3%	0.594	0.5%

左：実際の成績　右：人気なり成績→	実勝数	想定勝数
	67	51.406
		130%

これだけ出走数がいて、絞り出しメーターではすべての値が想定数を大きく上回っているし、勝ち切っているのが特徴的。2017年で種牡馬を引退したのは残念の一語。単勝2倍台の勝率は、全体勝率の

キングズベスト●血統力絞り出しメーター

単勝オッズ	該当数	実勝率	全体勝率	人気なり勝利数	実連対率
1.0〜 1.4	1	100.0%	63.8%	0.638	100.0%
1.5〜 1.9	0	0.0%	46.4%	0	0.0%
2.0〜 2.9	18	22.2%	31.8%	5.724	44.4%
3.0〜 3.9	13	30.8%	23.8%	3.094	61.5%
4.0〜 4.9	29	17.2%	17.1%	4.959	31.0%
5.0〜 6.9	35	0.0%	13.3%	4.655	2.9%
7.0〜 9.9	37	5.4%	10.0%	3.7	24.3%
10.0〜14.9	60	6.7%	7.0%	4.2	8.3%
15.0〜19.9	37	5.4%	4.4%	1.628	16.2%
20.0〜29.9	56	3.6%	3.4%	1.904	8.9%
30.0〜49.9	87	0.0%	2.0%	1.74	1.1%
50.0〜99.9	123	0.0%	1.2%	1.476	0.8%
100.0〜	186	0.5%	0.3%	0.558	0.5%

左：実際の成績　右：人気なり成績→	実勝数	想定勝数
	25	34.276
		73%

勝数、連対数、複勝数の3部門すべてで、想定数を下回る成績しか残していない。おおむね70%程度という数値は、産駒が走っていないと判断できるだろう。人気薄の勝利はまったく期待できず、単勝30倍

全体連対率	人気なり連対数	実複勝率	全体複勝率	人気なり複勝圏数
82.3%	0.823	100.0%	89.6%	0.896
66.6%	0	0.0%	78.8%	0
53.0%	1.06	100.0%	67.0%	1.34
42.8%	1.284	66.7%	56.7%	1.701
33.8%	0.676	50.0%	47.7%	0.954
27.4%	1.37	20.0%	40.2%	2.01
21.1%	1.688	37.5%	32.9%	2.632
16.1%	0.483	0.0%	26.0%	0.78
11.4%	0.456	0.0%	19.5%	0.78
8.6%	1.118	38.5%	15.2%	1.976
5.3%	0.583	27.3%	10.3%	1.133
3.1%	0.527	5.9%	6.0%	1.02
0.8%	0.256	3.1%	1.8%	0.576

実連対数	想定連対数		実３着以内数	想定3着以内数
9	10.324		20	15.798
	87%			**127%**

かりだが、基本的にはダート戦を中心となるだろう。アイスフィヨルド（牡3歳）もダート替わりで出走してくれば、面白い1頭になるかもしれない。単勝20～50倍未満のゾーンが狙い目の穴種牡馬だ。

全体連対率	人気なり連対数	実複勝率	全体複勝率	人気なり複勝圏数
82.3%	0.823	0.0%	89.6%	0.896
66.6%	3.996	83.3%	78.8%	4.728
53.0%	8.48	50.0%	67.0%	10.72
42.8%	12.84	56.7%	56.7%	17.01
33.8%	13.858	51.2%	47.7%	19.557
27.4%	19.454	33.8%	40.2%	28.542
21.1%	16.458	43.6%	32.9%	25.662
16.1%	19.32	22.5%	26.0%	31.2
11.4%	11.97	12.4%	19.5%	20.475
8.6%	11.008	12.5%	15.2%	19.456
5.3%	9.275	9.7%	10.3%	18.025
3.1%	6.882	4.1%	6.0%	13.32
0.8%	2.624	1.8%	1.8%	5.904

実連対数	想定連対数		実３着以内数	想定3着以内数
134	136.988		197	215.495
	98%			**91%**

回っているのがわかる。代表産駒のレッドファルクスは、1番人気【1－0－2－0】、2～3番人気【6－1－1－2】という具合で、同馬をイメージすれば産駒の特徴がわかりやすいはず。

クリストワイニング●血統力絞り出しメーター

単勝オッズ	該当数	実勝率	全体勝率	人気なり勝利数	実連対率
1.0〜 1.4	1	0.0%	63.8%	0.638	0.0%
1.5〜 1.9	0	0.0%	46.4%	0	0.0%
2.0〜 2.9	2	100.0%	31.8%	0.636	100.0%
3.0〜 3.9	3	66.7%	23.8%	0.714	66.7%
4.0〜 4.9	2	0.0%	17.1%	0.342	0.0%
5.0〜 6.9	5	0.0%	13.3%	0.665	20.0%
7.0〜 9.9	8	0.0%	10.0%	0.8	12.5%
10.0〜14.9	3	0.0%	7.0%	0.21	0.0%
15.0〜19.9	4	0.0%	4.4%	0.176	0.0%
20.0〜29.9	13	7.7%	3.4%	0.442	7.7%
30.0〜49.9	11	9.1%	2.0%	0.22	9.1%
50.0〜99.9	17	0.0%	1.2%	0.204	0.0%
100.0〜	32	0.0%	0.3%	0.096	3.1%

左：実際の成績　右：人気なり成績→	実勝数	想定勝数
	6	5.143
		117%

出走数が他の種牡馬に比べると少ないため断言するのは難しいが、実複勝数は想定数よりも4頭多い計算で、まずまずといったところ。馬名登録されている現役世代は4頭しかおらず、下級条件の馬ば

スウェプトオーヴァーボード●血統力絞り出しメーター

単勝オッズ	該当数	実勝率	全体勝率	人気なり勝利数	実連対率
1.0〜 1.4	1	0.0%	63.8%	0.638	0.0%
1.5〜 1.9	6	66.7%	46.4%	2.784	66.7%
2.0〜 2.9	16	31.3%	31.8%	5.088	43.8%
3.0〜 3.9	30	23.3%	23.8%	7.14	40.0%
4.0〜 4.9	41	24.4%	17.1%	7.011	41.5%
5.0〜 6.9	71	18.3%	13.3%	9.443	22.5%
7.0〜 9.9	78	19.2%	10.0%	7.8	33.3%
10.0〜14.9	120	5.8%	7.0%	8.4	18.3%
15.0〜19.9	105	2.9%	4.4%	4.62	6.7%
20.0〜29.9	128	2.3%	3.4%	4.352	6.3%
30.0〜49.9	175	1.7%	2.0%	3.5	5.1%
50.0〜99.9	222	0.9%	1.2%	2.664	2.3%
100.0〜	328	0.0%	0.3%	0.984	0.3%

左：実際の成績　右：人気なり成績→	実勝数	想定勝数
	72	64.424
		112%

実勝数は想定数を上回ったものの、連対数、複勝数となるに従い、成績を落としているのがわかる。基本的には勝ち切るタイプの馬だといっていいだろう。特に4〜10倍未満のオッズ帯では、全体勝率を上

全体連対率	人気なり連対数	実複勝率	全体複勝率	人気なり複勝圏数
82.3%	2.469	100.0%	89.60%	2.688
66.6%	1.998	66.7%	78.80%	2.364
53.0%	5.83	72.7%	67.00%	7.37
42.8%	7.704	61.1%	56.70%	10.206
33.8%	8.788	61.5%	47.70%	12.402
27.4%	12.056	25.0%	40.20%	17.688
21.1%	8.229	35.9%	32.90%	12.831
16.1%	10.143	27.0%	26.00%	16.38
11.4%	4.674	26.8%	19.50%	7.995
8.6%	4.816	10.7%	15.20%	8.512
5.3%	2.544	12.5%	10.30%	4.944
3.1%	2.139	0.0%	6.00%	4.14
0.8%	0.672	1.2%	1.80%	1.512

実連対数	想定連対数		実３着以内数	想定3着以内数
74	72.062		106	109.032
	103%			**97%**

ろだ。馬券を買ううえでは7～10倍未満のゾーンの1着付けがポイントか。おおむね単勝10倍未満の馬は信頼できる。

全体連対率	人気なり連対数	実複勝率	全体複勝率	人気なり複勝圏数
82.3%	0.823	100.0%	89.6%	0.896
66.6%	1.332	50.0%	78.8%	1.576
53.0%	5.3	90.0%	67.0%	6.7
42.8%	3.852	66.7%	56.7%	5.103
33.8%	5.07	46.7%	47.7%	7.155
27.4%	5.206	42.1%	40.2%	7.638
21.1%	6.119	31.0%	32.9%	9.541
16.1%	6.279	38.5%	26.0%	10.14
11.4%	2.964	30.8%	19.5%	5.07
8.6%	3.698	23.3%	15.2%	6.536
5.3%	4.134	9.0%	10.3%	8.034
3.1%	4.123	5.3%	6.0%	7.98
0.8%	1.2	2.0%	1.8%	2.7

実連対数	想定連対数		実３着以内数	想定3着以内数
58	50.1		91	79.069
	116%			**115%**

で挙げた2勝は、ともに10番人気以下とド人気薄だった。10～30倍未満は積極的に3着以内が狙える。

ストリートセンス●血統力絞り出しメーター

単勝オッズ	該当数	実勝率	全体勝率	人気なり勝利数	実連対率
1.0〜 1.4	3	100.0%	63.8%	1.914	100.0%
1.5〜 1.9	3	33.3%	46.4%	1.392	33.3%
2.0〜 2.9	11	45.5%	31.8%	3.498	72.7%
3.0〜 3.9	18	33.3%	23.8%	4.284	44.4%
4.0〜 4.9	26	23.1%	17.1%	4.446	42.3%
5.0〜 6.9	44	4.5%	13.3%	5.852	15.9%
7.0〜 9.9	39	25.6%	10.0%	3.9	30.8%
10.0〜14.9	63	7.9%	7.0%	4.41	15.9%
15.0〜19.9	41	4.9%	4.4%	1.804	14.6%
20.0〜29.9	56	3.6%	3.4%	1.904	5.4%
30.0〜49.9	48	4.2%	2.0%	0.96	8.3%
50.0〜99.9	69	0.0%	1.2%	0.828	0.0%
100.0〜	84	0.0%	0.3%	0.252	1.2%

左：実際の成績　右：人気なり成績 →	実勝数	想定勝数
	44	35.444
		124%

絞り出しメーターからは、きっちりと勝ち切るタイプの種牡馬だということがわかる。連対数、複勝数と率がだんだん落ちていくのが特徴的。ただ、複勝率がわずかとはいえ100%を下回ったのは気になるとこ

タイムパラドックス●血統力絞り出しメーター

単勝オッズ	該当数	実勝率	全体勝率	人気なり勝利数	実連対率
1.0〜 1.4	1	100.0%	63.8%	0.638	100.0%
1.5〜 1.9	2	50.0%	46.4%	0.928	50.0%
2.0〜 2.9	10	20.0%	31.8%	3.18	60.0%
3.0〜 3.9	9	44.4%	23.8%	2.142	44.4%
4.0〜 4.9	15	13.3%	17.1%	2.565	33.3%
5.0〜 6.9	19	15.8%	13.3%	2.527	31.6%
7.0〜 9.9	29	13.8%	10.0%	2.9	27.6%
10.0〜14.9	39	12.8%	7.0%	2.73	28.2%
15.0〜19.9	26	0.0%	4.4%	1.144	15.4%
20.0〜29.9	43	0.0%	3.4%	1.462	9.3%
30.0〜49.9	78	1.3%	2.0%	1.56	2.6%
50.0〜99.9	133	1.5%	1.2%	1.596	3.8%
100.0〜	150	0.7%	0.3%	0.45	0.7%

左：実際の成績　右：人気なり成績 →	実勝数	想定勝数
	26	23.822
		109%

産駒数が多くないため、今後も数字は変動する可能性が高いとは思うが、実複勝数ベースで、想定数よりも約12頭多く馬券になっていることは評価していい。ほとんどがダートによる戦績だが、26勝中、芝

全体連対率	人気なり連対数	実複勝率	全体複勝率	人気なり複勝圏数
82.3%	2.469	66.7%	89.6%	2.688
66.6%	3.33	80.0%	78.8%	3.94
53.0%	4.77	55.6%	67.0%	6.03
42.8%	4.708	45.5%	56.7%	6.237
33.8%	7.774	34.8%	47.7%	10.971
27.4%	11.234	41.5%	40.2%	16.482
21.1%	7.596	38.9%	32.9%	11.844
16.1%	9.499	27.1%	26.0%	15.34
11.4%	4.218	10.8%	19.5%	7.215
8.6%	3.698	16.3%	15.2%	6.536
5.3%	2.756	11.5%	10.3%	5.356
3.1%	2.604	10.7%	6.0%	5.04
0.8%	0.784	3.1%	1.8%	1.764

実連対数	想定連対数		実３着以内数	想定3着以内数
66	65.44		100	99.443
	101%			**101%**

ほぼ想定数と同じ。2、3着なら人気なりの成績を残しているといっていい。2～5倍未満の人気馬の信頼度が低いのは気がかりだが……。

全体連対率	人気なり連対数	実複勝率	全体複勝率	人気なり複勝圏数
82.3%	0.823	100.0%	89.6%	0.896
66.6%	3.33	60.0%	78.8%	3.94
53.0%	7.95	73.3%	67.0%	10.05
42.8%	8.132	63.2%	56.7%	10.773
33.8%	8.45	48.0%	47.7%	11.925
27.4%	12.056	40.9%	40.2%	17.688
21.1%	14.559	36.2%	32.9%	22.701
16.1%	9.177	28.1%	26.0%	14.82
11.4%	3.99	17.1%	19.5%	6.825
8.6%	5.332	16.1%	15.2%	9.424
5.3%	3.498	6.1%	10.3%	6.798
3.1%	2.17	5.7%	6.0%	4.2
0.8%	0.736	1.1%	1.8%	1.656

実連対数	想定連対数		実３着以内数	想定3着以内数
70	80.203		123	121.696
	87%			**101%**

はよくても想定複勝率とほぼ同じで、多くのゾーンで下回っており、激走を期待するのは酷といっていいだろう。

タートルボウル●血統力絞り出しメーター

単勝オッズ	該当数	実勝率	全体勝率	人気なり勝利数	実連対率
1.0〜 1.4	3	66.7%	63.8%	1.914	66.7%
1.5〜 1.9	5	40.0%	46.4%	2.32	40.0%
2.0〜 2.9	9	22.2%	31.8%	2.862	33.3%
3.0〜 3.9	11	27.3%	23.8%	2.618	45.5%
4.0〜 4.9	23	13.0%	17.1%	3.933	34.8%
5.0〜 6.9	41	9.8%	13.3%	5.453	24.4%
7.0〜 9.9	36	11.1%	10.0%	3.6	27.8%
10.0〜14.9	59	6.8%	7.0%	4.13	13.6%
15.0〜19.9	37	2.7%	4.4%	1.628	5.4%
20.0〜29.9	43	2.3%	3.4%	1.462	11.6%
30.0〜49.9	52	1.9%	2.0%	1.04	7.7%
50.0〜99.9	84	2.4%	1.2%	1.008	7.1%
100.0〜	98	0.0%	0.3%	0.294	1.0%

	実勝数	想定勝数
左：実際の成績　右：人気なり成績 →	29	32.262
		90%

トリオンフが産駒による初重賞（小倉大賞典）制覇となったが、基本的には勝ち切れないタイプなのが、絞り出しメーターからはわかるだろう。勝ち切れないことでイメージはよくないが、実連対数、実複勝数は

ドリームジャーニー●血統力絞り出しメーター

単勝オッズ	該当数	実勝率	全体勝率	人気なり勝利数	実連対率
1.0〜 1.4	1	100.0%	63.8%	0.638	100.0%
1.5〜 1.9	5	60.0%	46.4%	2.32	60.0%
2.0〜 2.9	15	26.7%	31.8%	4.77	60.0%
3.0〜 3.9	19	31.6%	23.8%	4.522	36.8%
4.0〜 4.9	25	16.0%	17.1%	4.275	24.0%
5.0〜 6.9	44	18.2%	13.3%	5.852	22.7%
7.0〜 9.9	69	8.7%	10.0%	6.9	18.8%
10.0〜14.9	57	5.3%	7.0%	3.99	21.1%
15.0〜19.9	35	2.9%	4.4%	1.54	8.6%
20.0〜29.9	62	3.2%	3.4%	2.108	4.8%
30.0〜49.9	66	1.5%	2.0%	1.32	3.0%
50.0〜99.9	70	0.0%	1.2%	0.84	0.0%
100.0〜	92	0.0%	0.3%	0.276	1.1%

	実勝数	想定勝数
左：実際の成績　右：人気なり成績 →	39	39.351
		99%

オルフェーヴルほどではないが、ムラッ気の強い種牡馬といっていいだろう。実勝数ではほぼ想定数も、連対数は想定を大きく下回る。ところが、複勝数になるとほぼ平均の値を示す。15倍以上の馬の複勝数

全体連対率	人気なり連対数	実複勝率	全体複勝率	人気なり複勝圏数
82.3%	0.823	100.0%	89.6%	0.896
66.6%	2.664	50.0%	78.8%	3.152
53.0%	5.3	80.0%	67.0%	6.7
42.8%	2.996	42.9%	56.7%	3.969
33.8%	4.056	66.7%	47.7%	5.724
27.4%	3.836	28.6%	40.2%	5.628
21.1%	2.321	36.4%	32.9%	3.619
16.1%	1.61	30.0%	26.0%	2.6
11.4%	1.824	0.0%	19.5%	3.12
8.6%	1.032	16.7%	15.2%	1.824
5.3%	0.689	15.4%	10.3%	1.339
3.1%	0.496	0.0%	6.0%	0.96
0.8%	0.224	0.0%	1.8%	0.504

実連対数	想定連対数		実3着以内数	想定3着以内数
29	27.871		37	40.035
	104%			**92%**

ないといっても、15倍以上の馬で勝利ナシと、馬券的にはまったく妙味がない種牡馬。50倍以上は3着以内が1頭もいない。

全体連対率	人気なり連対数	実複勝率	全体複勝率	人気なり複勝圏数
82.3%	1.646	100.0%	89.6%	1.792
66.6%	3.33	40.0%	78.8%	3.94
53.0%	9.54	66.7%	67.0%	12.06
42.8%	8.988	61.9%	56.7%	11.907
33.8%	8.788	46.2%	47.7%	12.402
27.4%	14.248	34.6%	40.2%	20.904
21.1%	10.972	30.8%	32.9%	17.108
16.1%	7.567	21.3%	26.0%	12.22
11.4%	4.902	18.6%	19.5%	8.385
8.6%	4.558	20.8%	15.2%	8.056
5.3%	4.24	11.3%	10.3%	8.24
3.1%	3.658	9.3%	6.0%	7.08
0.8%	1.528	5.2%	1.8%	3.438

実連対数	想定連対数		実3着以内数	想定3着以内数
86	83.965		134	127.532
	102%			**105%**

想定複勝率を上回っており、意外性の高さを見せている。ダートの複勝回収率では117%と2、3着で穴をあける。

ハードスパン●血統力絞り出しメーター

単勝オッズ	該当数	実勝率	全体勝率	人気なり勝利数	実連対率
1.0～ 1.4	1	100.0%	63.8%	0.638	100.0%
1.5～ 1.9	4	25.0%	46.4%	1.856	25.0%
2.0～ 2.9	10	70.0%	31.8%	3.18	70.0%
3.0～ 3.9	7	0.0%	23.8%	1.666	28.6%
4.0～ 4.9	12	25.0%	17.1%	2.052	58.3%
5.0～ 6.9	14	7.1%	13.3%	1.862	14.3%
7.0～ 9.9	11	0.0%	10.0%	1.1	27.3%
10.0～14.9	10	10.0%	7.0%	0.7	30.0%
15.0～19.9	16	0.0%	4.4%	0.704	0.0%
20.0～29.9	12	0.0%	3.4%	0.408	8.3%
30.0～49.9	13	0.0%	2.0%	0.26	15.4%
50.0～99.9	16	0.0%	1.2%	0.192	0.0%
100.0～	28	0.0%	0.3%	0.084	0.0%

左：実際の成績　右：人気なり成績→	実勝数	想定勝数
	14	14.702
		95%

ここは日本供用前の成績も含んでいる。明け3歳馬が日本供用後最初の世代だ。基本的には勝ち切れないし、実複勝数も想定数を下回っており信頼できない種牡馬といっていい。産駒数がそれほど多く

バトルプラン●血統力絞り出しメーター

単勝オッズ	該当数	実勝率	全体勝率	人気なり勝利数	実連対率
1.0～ 1.4	2	100.0%	63.8%	1.276	100.0%
1.5～ 1.9	5	40.0%	46.4%	2.32	40.0%
2.0～ 2.9	18	38.9%	31.8%	5.724	66.7%
3.0～ 3.9	21	14.3%	23.8%	4.998	42.9%
4.0～ 4.9	26	3.8%	17.1%	4.446	19.2%
5.0～ 6.9	52	9.6%	13.3%	6.916	23.1%
7.0～ 9.9	52	5.8%	10.0%	5.2	21.2%
10.0～14.9	47	4.3%	7.0%	3.29	14.9%
15.0～19.9	43	7.0%	4.4%	1.892	9.3%
20.0～29.9	53	1.9%	3.4%	1.802	15.1%
30.0～49.9	80	1.3%	2.0%	1.6	2.5%
50.0～99.9	118	0.8%	1.2%	1.416	5.9%
100.0～	191	0.0%	0.3%	0.573	2.6%

左：実際の成績　右：人気なり成績→	実勝数	想定勝数
	31	41.453
		75%

なかなか勝ち切れないが、連対数、複勝数を見れば健闘しているのがわかるだろう。特に3～10倍未満の馬で勝ち切れていないのが痛い。ただ、人気薄馬は健闘するタイプの種牡馬で、20倍以上の馬は

全体連対率	人気なり連対数	実複勝率	全体複勝率	人気なり複勝圏数
82.3%	0	0.0%	89.6%	0
66.6%	0	0.0%	78.8%	0
53.0%	4.24	62.5%	67.0%	5.36
42.8%	0.856	100.0%	56.7%	1.134
33.8%	1.69	100.0%	47.7%	2.385
27.4%	3.288	41.7%	40.2%	4.824
21.1%	3.376	43.8%	32.9%	5.264
16.1%	2.898	22.2%	26.0%	4.68
11.4%	1.938	35.3%	19.5%	3.315
8.6%	2.408	17.9%	15.2%	4.256
5.3%	1.643	6.5%	10.3%	3.193
3.1%	1.054	2.9%	6.0%	2.04
0.8%	0.936	1.7%	1.8%	2.106

実連対数	想定連対数		実３着以内数	想定3着以内数
34	24.327		44	38.557
	140%			**114%**

で100%を超した。意外にも基本的には人気馬がしっかり走るタイプで、10倍未満の複勝率が高めに推移している。

全体連対率	人気なり連対数	実複勝率	全体複勝率	人気なり複勝圏数
82.3%	0	0.0%	89.6%	0
66.6%	4.662	85.7%	78.8%	5.516
53.0%	13.25	64.0%	67.0%	16.75
42.8%	20.116	57.4%	56.7%	26.649
33.8%	17.914	54.7%	47.7%	25.281
27.4%	25.208	44.6%	40.2%	36.984
21.1%	24.265	37.4%	32.9%	37.835
16.1%	23.828	22.3%	26.0%	38.48
11.4%	13.452	9.3%	19.5%	23.01
8.6%	16.426	15.2%	15.2%	29.032
5.3%	11.607	7.3%	10.3%	22.557
3.1%	7.812	8.3%	6.0%	15.12
0.8%	3.08	1.0%	1.8%	6.93

実連対数	想定連対数		実３着以内数	想定3着以内数
169	181.62		276	284.144
	93%			**97%**

勝率を大きく上回ったのは、該当例の少ない1.5～2倍未満のゾーンのみ。今はイメージほど一発が期待できない種牡馬かもしれない。

フリオーソ●血統力絞り出しメーター

単勝オッズ	該当数	実勝率	全体勝率	人気なり勝利数	実連対率
1.0～ 1.4	0	0.0%	63.8%	0	0.0%
1.5～ 1.9	0	0.0%	46.4%	0	0.0%
2.0～ 2.9	8	50.0%	31.8%	2.544	62.5%
3.0～ 3.9	2	0.0%	23.8%	0.476	100.0%
4.0～ 4.9	5	60.0%	17.1%	0.855	80.0%
5.0～ 6.9	12	16.7%	13.3%	1.596	25.0%
7.0～ 9.9	16	37.5%	10.0%	1.6	37.5%
10.0～14.9	18	5.6%	7.0%	1.26	11.1%
15.0～19.9	17	11.8%	4.4%	0.748	23.5%
20.0～29.9	28	0.0%	3.4%	0.952	14.3%
30.0～49.9	31	3.2%	2.0%	0.62	6.5%
50.0～99.9	34	0.0%	1.2%	0.408	2.9%
100.0～	117	0.0%	0.3%	0.351	0.9%

左：実際の成績　右：人気なり成績→	実勝数	想定勝数
	19	11.41
		167%

　産駒数がそれほど多くないため（16年6月産駒デビュー）、率ベースでは高くなりがちだが、それでも勝ち切っているというのが理解できるだろう。実連対数、実複勝数は想定数に近づいているが、すべての項目

マツリダゴッホ●血統力絞り出しメーター

単勝オッズ	該当数	実勝率	全体勝率	人気なり勝利数	実連対率
1.0～ 1.4	0	0.0%	63.8%	0	0.0%
1.5～ 1.9	7	42.9%	46.4%	3.248	71.4%
2.0～ 2.9	25	32.0%	31.8%	7.95	52.0%
3.0～ 3.9	47	27.7%	23.8%	11.186	46.8%
4.0～ 4.9	53	17.0%	17.1%	9.063	28.3%
5.0～ 6.9	92	16.3%	13.3%	12.236	37.0%
7.0～ 9.9	115	11.3%	10.0%	11.5	21.7%
10.0～14.9	148	4.1%	7.0%	10.36	12.8%
15.0～19.9	118	4.2%	4.4%	5.192	5.1%
20.0～29.9	191	4.2%	3.4%	6.494	8.9%
30.0～49.9	219	0.0%	2.0%	4.38	1.8%
50.0～99.9	252	1.6%	1.2%	3.024	3.2%
100.0～	385	0.0%	0.3%	1.155	0.3%

左：実際の成績　右：人気なり成績→	実勝数	想定勝数
	84	85.788
		98%

穴馬券といえば同馬の産駒を思い浮かべる人もいると思うが、過去3年の絞り出しメーターは、全部門で100%を割り込んでいる。実勝率で想定勝率を5%以上、上回ったオッズ帯はない。実複勝率も想定複

全体連対率	人気なり連対数	実複勝率	全体複勝率	人気なり複勝圏数
82.3%	0.823	100.0%	89.6%	0.896
66.6%	13.32	85.0%	78.8%	15.76
53.0%	18.55	65.7%	67.0%	23.45
42.8%	26.536	58.1%	56.7%	35.154
33.8%	22.308	50.0%	47.7%	31.482
27.4%	30.14	46.4%	40.2%	44.22
21.1%	31.017	35.4%	32.9%	48.363
16.1%	25.599	28.9%	26.0%	41.34
11.4%	12.54	16.4%	19.5%	21.45
8.6%	14.19	9.7%	15.2%	25.08
5.3%	11.607	8.7%	10.3%	22.557
3.1%	7.378	4.6%	6.0%	14.28
0.8%	2.528	2.8%	1.8%	5.688
実連対数	想定連対数		実3着以内数	想定3着以内数
238	216.536		332	329.72
	110%			**101%**

アM。同馬産駒のデンコウアンジュが2着に入り、馬単7万馬券、3連単91万馬券の片棒を担いだのだ。

全体連対率	人気なり連対数	実複勝率	全体複勝率	人気なり複勝圏数
82.3%	1.646	100.0%	89.6%	1.792
66.6%	10.656	87.5%	78.8%	12.608
53.0%	18.55	51.4%	67.0%	23.45
42.8%	12.412	62.1%	56.7%	16.443
33.8%	17.914	50.9%	47.7%	25.281
27.4%	24.934	34.1%	40.2%	36.582
21.1%	22.999	30.3%	32.9%	35.861
16.1%	25.277	31.2%	26.0%	40.82
11.4%	15.732	20.3%	19.5%	26.91
8.6%	14.964	20.7%	15.2%	26.448
5.3%	10.918	9.7%	10.3%	21.218
3.1%	9.703	4.5%	6.0%	18.78
0.8%	4.568	2.3%	1.8%	10.278
実連対数	想定連対数		実3着以内数	想定3着以内数
207	190.273		303	296.471
	109%			**102%**

数ではほぼ想定数通りの成績で、狙うなら1着付けの馬券だ。芝・ダート兼用だが、芝で穴馬の1着が目立つ。

メイショウサムソン●血統力絞り出しメーター

単勝オッズ	該当数	実勝率	全体勝率	人気なり勝利数	実連対率
1.0～ 1.4	1	0.0%	63.8%	0.638	100.0%
1.5～ 1.9	20	40.0%	46.4%	9.28	80.0%
2.0～ 2.9	35	34.3%	31.8%	11.13	57.1%
3.0～ 3.9	62	29.0%	23.8%	14.756	45.2%
4.0～ 4.9	66	16.7%	17.1%	11.286	40.9%
5.0～ 6.9	110	15.5%	13.3%	14.63	31.8%
7.0～ 9.9	147	12.2%	10.0%	14.7	26.5%
10.0～14.9	159	4.4%	7.0%	11.13	18.2%
15.0～19.9	110	1.8%	4.4%	4.84	9.1%
20.0～29.9	165	3.0%	3.4%	5.61	4.8%
30.0～49.9	219	1.4%	2.0%	4.38	5.9%
50.0～99.9	238	2.1%	1.2%	2.856	2.5%
100.0～	316	0.6%	0.3%	0.948	1.9%

左：実際の成績　右：人気なり成績 →	実勝数	想定勝数
	108	106.184
		102%

実勝数、実複勝数は想定数とほぼ同じ値を示すが、連対は率ベースで10%、実連対数で22上回っている。つまり、馬券的には2着付けの馬単、3連単に妙味ありということ。象徴的レースが17年ヴィクトリ

メイショウボーラー●血統力絞り出しメーター

単勝オッズ	該当数	実勝率	全体勝率	人気なり勝利数	実連対率
1.0～ 1.4	2	100.0%	63.8%	1.276	100.0%
1.5～ 1.9	16	75.0%	46.4%	7.424	87.5%
2.0～ 2.9	35	22.9%	31.8%	11.13	40.0%
3.0～ 3.9	29	24.1%	23.8%	6.902	48.3%
4.0～ 4.9	53	20.8%	17.1%	9.063	41.5%
5.0～ 6.9	91	15.4%	13.3%	12.103	26.4%
7.0～ 9.9	109	8.3%	10.0%	10.9	21.1%
10.0～14.9	157	12.1%	7.0%	10.99	20.4%
15.0～19.9	138	2.9%	4.4%	6.072	9.4%
20.0～29.9	174	5.7%	3.4%	5.916	12.6%
30.0～49.9	206	2.4%	2.0%	4.12	5.8%
50.0～99.9	313	1.6%	1.2%	3.756	2.2%
100.0～	571	0.5%	0.3%	1.713	1.4%

左：実際の成績　右：人気なり成績 →	実勝数	想定勝数
	109	91.365
		119%

しっかりと勝ち切っているのが、絞り出しメーターを見れば明らかだろう。特に1倍台の馬は安定して勝利しているといっていい。また、20倍以上の馬の実勝率は、全体勝率をどのゾーンでも上回っている。複勝

	全体連対率	人気なり連対数	実複勝率	全体複勝率	人気なり複勝圏数
	82.3%	2.469	66.7%	89.6%	2.688
	66.6%	7.326	100.0%	78.8%	8.668
	53.0%	13.78	61.5%	67.0%	17.42
	42.8%	14.98	62.9%	56.7%	19.845
	33.8%	15.548	52.2%	47.7%	21.942
	27.4%	20.002	49.3%	40.2%	29.346
	21.1%	23.21	31.8%	32.9%	36.19
	16.1%	14.329	24.7%	26.0%	23.14
	11.4%	7.524	30.3%	19.5%	12.87
	8.6%	8.686	16.8%	15.2%	15.352
	5.3%	6.413	8.3%	10.3%	12.463
	3.1%	3.751	4.1%	6.0%	7.26
	0.8%	1.696	4.7%	1.8%	3.816
	実連対数	想定連対数		実 3 着以内数	想定3着以内数
	154	139.714		230	211
		110%			**109%**

で、大きく勝ち切っているのがわかるだろう。一方、50倍を超えるような極端な人気薄では1着が厳しい状況だ。

	全体連対率	人気なり連対数	実複勝率	全体複勝率	人気なり複勝圏数
	82.3%	0.823	100.0%	89.6%	0.896
	66.6%	3.33	60.0%	78.8%	3.94
	53.0%	9.01	88.2%	67.0%	11.39
	42.8%	7.704	50.0%	56.7%	10.206
	33.8%	6.76	45.0%	47.7%	9.54
	27.4%	14.522	49.1%	40.2%	21.306
	21.1%	10.55	28.0%	32.9%	16.45
	16.1%	9.982	29.0%	26.0%	16.12
	11.4%	6.954	21.3%	19.5%	11.895
	8.6%	4.988	6.9%	15.2%	8.816
	5.3%	3.763	15.5%	10.3%	7.313
	3.1%	3.689	6.7%	6.0%	7.14
	0.8%	1.728	1.4%	1.8%	3.888
	実連対数	想定連対数		実 3 着以内数	想定3着以内数
	80	83.803		134	128.9
		95%			**104%**

ピーグリンなど楽しみなオープン馬も。単勝10倍台の産駒で2、3着付けの馬券を狙ってみるのも、立派な戦略のひとつだ。

ヨハネスブルグ●血統力絞り出しメーター

単勝オッズ	該当数	実勝率	全体勝率	人気なり勝利数	実連対率
1.0～ 1.4	3	66.7%	63.8%	1.914	66.7%
1.5～ 1.9	11	63.6%	46.4%	5.104	81.8%
2.0～ 2.9	26	34.6%	31.8%	8.268	57.7%
3.0～ 3.9	35	37.1%	23.8%	8.33	54.3%
4.0～ 4.9	46	21.7%	17.1%	7.866	43.5%
5.0～ 6.9	73	19.2%	13.3%	9.709	28.8%
7.0～ 9.9	110	8.2%	10.0%	11	14.5%
10.0～14.9	89	6.7%	7.0%	6.23	13.5%
15.0～19.9	66	12.1%	4.4%	2.904	16.7%
20.0～29.9	101	3.0%	3.4%	3.434	10.9%
30.0～49.9	121	3.3%	2.0%	2.42	7.4%
50.0～99.9	121	0.0%	1.2%	1.452	3.3%
100.0～	212	0.0%	0.3%	0.636	2.4%

左：実際の成績　右：人気なり成績→	実勝数	想定勝数
	85	69.267
		123%

すべての値が想定数を上回っている優良種牡馬だ。単複回収率ベース（単勝71%、複勝83%）と平凡な数字も、絞り出しメーター上では期待以上に走っているといっていい。特に15～20倍未満のゾーン

ローエングリン●血統力絞り出しメーター

単勝オッズ	該当数	実勝率	全体勝率	人気なり勝利数	実連対率
1.0～ 1.4	1	100.0%	63.8%	0.638	100.0%
1.5～ 1.9	5	20.0%	46.4%	2.32	20.0%
2.0～ 2.9	17	47.1%	31.8%	5.406	64.7%
3.0～ 3.9	18	16.7%	23.8%	4.284	33.3%
4.0～ 4.9	20	15.0%	17.1%	3.42	35.0%
5.0～ 6.9	53	9.4%	13.3%	7.049	26.4%
7.0～ 9.9	50	2.0%	10.0%	5	16.0%
10.0～14.9	62	11.3%	7.0%	4.34	19.4%
15.0～19.9	61	1.6%	4.4%	2.684	8.2%
20.0～29.9	58	1.7%	3.4%	1.972	5.2%
30.0～49.9	71	4.2%	2.0%	1.42	8.5%
50.0～99.9	119	1.7%	1.2%	1.428	4.2%
100.0～	216	0.5%	0.3%	0.648	0.5%

左：実際の成績　右：人気なり成績→	実勝数	想定勝数
	37	40.609
		91%

実勝数、実連対率は100%を下回っているが、実複勝率では想定複勝率を上回っている。つまり、勝ち切れない種牡馬ということ。大将格のロゴタイプは引退してしまったが、カラクレナイ、地方所属のハッ

全体連対率	人気なり連対数	実複勝率	全体複勝率	人気なり複勝圏数
82.3%	0	0.0%	89.6%	0
66.6%	3.33	100.0%	78.8%	3.94
53.0%	12.19	56.5%	67.0%	15.41
42.8%	11.128	46.2%	56.7%	14.742
33.8%	10.478	35.5%	47.7%	14.787
27.4%	13.7	36.0%	40.2%	20.1
21.1%	12.449	33.9%	32.9%	19.411
16.1%	8.855	27.3%	26.0%	14.3
11.4%	5.7	26.0%	19.5%	9.75
8.6%	5.934	14.5%	15.2%	10.488
5.3%	4.134	6.4%	10.3%	8.034
3.1%	2.883	5.4%	6.0%	5.58
0.8%	1.2	2.7%	1.8%	2.7
実連対数	想定連対数		実3着以内数	想定3着以内数
89	91.981		131	139.242
	97%			**94%**

り、芝では基本的に無視していいレベル。ダートだけなら、さらに実勝率は想定勝率を上回っているのだ。

ワイルドラッシュ●血統力絞り出しメーター

単勝オッズ	該当数	実勝率	全体勝率	人気なり勝利数	実連対率
1.0～ 1.4	0	0.0%	63.8%	0	0.0%
1.5～ 1.9	5	60.0%	46.4%	2.32	100.0%
2.0～ 2.9	23	26.1%	31.8%	7.314	39.1%
3.0～ 3.9	26	30.8%	23.8%	6.188	42.3%
4.0～ 4.9	31	16.1%	17.1%	5.301	29.0%
5.0～ 6.9	50	16.0%	13.3%	6.65	22.0%
7.0～ 9.9	59	8.5%	10.0%	5.9	25.4%
10.0～14.9	55	10.9%	7.0%	3.85	21.8%
15.0～19.9	50	8.0%	4.4%	2.2	20.0%
20.0～29.9	69	1.4%	3.4%	2.346	4.3%
30.0～49.9	78	2.6%	2.0%	1.56	3.8%
50.0～99.9	93	0.0%	1.2%	1.116	0.0%
100.0～	150	0.7%	0.3%	0.45	0.7%

左：実際の成績　右：人気なり成績 → 実勝数　想定勝数

実勝数	想定勝数
49	45.195
	108%

想定数よりもしっかりと勝ち切っているが、実連対数、実複勝数は想定数を下回ってしまった。わかりやすく説明すると、勝つか着外かというタイプの種牡馬ということ。また、49勝中48勝をダートで挙げてお

秘宝館 3

台風の目、穴駆け神セブン

ケイムホーム

ストーミングホーム

トビーズコーナー

ブラックタイド

ベーカバド

モンテロッソ

ロージズインメイ

この章では、現役種牡馬の中から、私が経験則に基づいて屈指の穴種牡馬を7頭選び、どんな状況のときに穴をあけやすいのかを分析します。いわゆる、穴党にとっての「神セブン」種牡馬とお考えください。

データは、すべて**単勝5番人気以下の馬だけを対象**としています。産駒の総合データではないので、その点はくれぐれもお間違えのないようにお願いします。

走るときの条件と、その逆に狙ってもムダといっていい条件を提示しました。あくまで、穴種牡馬に期待していいタイミングとダメなケースを探す、というスタンスでお読みください。

ケイムホーム

ミスタープロスペクター系

◆穴ならここ!

①阪神芝1200m

②新潟芝直線1000m

③500万下の福島ダート1150m、東京ダート1300m

×ここはムリ……

①芝1600m以上
②ダート2歳戦

【補足事項】基本的に短距離指向が強いが、ダートなら1700mまでOK。阪神芝1200mの3着以内4回は4頭でマークしたもの。5番人気以下での単勝回収率は148%、複勝回収率は214%ある。

ダートでは半端な距離に強く、1150、1300、1700mで穴をあける。

（血統力絞り出し表P124～125）

ストーミングホーム

ミスタープロスペクター系

◆穴ならここ！

①札幌芝
②福島芝
③阪神ダート1800m
④新潟ダート1200m

×ここはムリ……

ケイムホーム●穴チェックデータ（5番人気以下）

コース、条件	1着	2着	3着	4着以下
阪神芝1200	1	2	1	8
新潟芝直1000	0	0	3	11
500万下 福島ダ1150＋ 東京ダ1300	2	1	1	12
芝1600以上	0	0	1	62
ダート2歳戦	0	1	1	65

①阪神芝
②ダート1600万以上のクラス
③芝の8枠時

【補足事項】芝・ダート不問の穴種牡馬。短距離のイメージもあるが、自身がジャパンCに出てきたように距離の幅も広い。芝もダートも、特に道悪は走る。

札幌芝の3着以内5回はすべて異なる馬、福島芝3着以内8回は6頭による。また阪神ダート1800mの3着以内5回はすべて異なる馬。新潟ダート1200mの4回は3頭によるもの。

無理筋データの芝8枠は、単勝の枠別平均人気は第3位の枠だが、断然の不振。

（血統力絞り出し表P126～127）

トビーズコーナー

ダンチヒ系

◆穴ならここ！

①芝距離短縮時

ストーミングホーム●穴チェックデータ（5番人気以下）

コース、条件	1着	2着	3着	4着以下
札幌芝	2	2	1	13
福島芝	1	1	6	24
阪神ダ1800	2	2	1	9
新潟ダ1200	1	2	1	8
阪神芝	0	1	2	44
ダ1600万以上	0	0	1	26
芝8枠時	0	0	3	57

②ダート新馬戦
③ダート１１５０ｍ以下

×ここはムリ……
①芝の４大主場＋中京
②ダートの牝馬限定戦

【補足事項】 ダンチヒ系チーフズクラウンのライン。上級馬は出していないがクセモノ種牡馬で、下級条件での穴種牡馬。芝での距離短縮時は単勝回収率２６７％、複勝回収率２１６％で最も狙いどころ。

（血統力絞り出し表Ｐ１２６～１２７）

ブラックタイド ヘイロー系

◆穴ならここ！
①未勝利戦の小倉芝１２００ｍ、函館芝１２００ｍ
②良馬場での芝１４００ｍ・関西場
③芝２０００ｍでの距離短縮時
④５００万下の京都ダート１８００ｍ

トビーズコーナー●穴チェックデータ（5番人気以下）

コース､条件	1着	2着	3着	4着以下
芝距離短縮時	2	2	2	12
ダート新馬戦	1	0	2	9
ダ1150以下	1	1	2	7
芝4大主場+中京	0	1	1	45
ダ牝馬限定戦	0	0	1	20

⑤東京ダート1400m

×ここはムリ……

①芝1800mの京都+小倉

②福島ダート

③小倉ダート

【補足事項】まさに現役屈指の穴種牡馬。キタサンブラックも3歳時は、5、6番人気での勝利が多かったとは今からすると信じられない。プランスペスカやマイネルフロスト、タガノエスプレッソのように、同じ馬が忘れた頃に複数回、穴をあけるのが特徴。ただキタサンのおかげで再来年（2020年）あたりからの産駒はにわかに牝馬の質が高まって、穴種牡馬ではなくなる恐れもあるが……。

「500万下の京都ダート1800m」は、年齢不問。また「芝2000mでの距離短縮時」というのは、前走芝・ダート問わず、2100m以上の距離を走っていた馬が、今回芝2000mに出てきたケースを指す。

（血統力絞り出し表P128〜129）

ブラックタイド●穴チェックデータ（5番人気以下）

コース、条件	1着	2着	3着	4着以下
小倉芝1200・未勝利	2	1	2	16
函館芝1200・未勝利	1	1	1	6
芝1400・関西場・良	3	4	2	41
芝2000・距離短縮時	0	4	1	14
500万下・京都ダ1800	5	2	2	33
東京ダ1400	0	5	5	32
芝1800・京都+小倉	0	0	0	46
福島ダート	0	0	1	45
小倉ダート	0	1	0	31

ベーカバド

ダンチヒ系

◆穴ならここ！

①中山芝1200m

②芝1200mの未勝利戦（札幌、函館以外）

③新潟ダート1200m

④福島ダート1150m

⑤京都ダート1400m

×ここはムリ……

①中京芝

②中山ダート1200m

③東京ダート1600m

【補足事項】ダンチヒ系の、グリーンデザートへ続くライン。上級条件へ昇る産駒は少ないが、タフさとパワーが売り物。そのわりには、芝1200mでの未勝利戦では洋芝コースを嫌う。

新潟ダート1200mの3着以内6回は5頭によるもの。福島

ベーカバド●穴チェックデータ（5番人気以下）

コース、条件	1着	2着	3着	4着以下
中山芝1200	1	4	1	9
芝1200未勝利・札函除く	2	3	2	18
新潟ダ1200	1	1	4	13
福島ダ1150	0	3	1	5
京都ダ1400	1	0	2	8
中京芝	0	1	0	26
中山ダ1200	0	1	0	33
東京ダ1600	0	0	0	40

ダート1150mの3着以内4回は3頭による。そして京都ダート1400mの3着以内3回はすべて異なる馬。

（血統力絞り出し表P128〜129）

モンテロッソ　ミスタープロスペクター系

◆穴ならここ！

①牝馬の新馬＋未勝利戦
②東京芝1400m

×ここはムリ……

①芝1200m
②ダート関西場

【補足事項】対象期間内では2歳馬のみの成績となるので、サンプルは少ないが、早くも穴種牡馬の片鱗を見せている。ミスタープロスペクター系のシーキングザゴールドのラインで、一見、短距離。それもダート寄りと見ていたが、芝・ダート兼用で、距離の融通も利く。ここまでに穴をあけているのは牝馬が多い。

（血統力絞り出し表P130〜131）

モンテロッソ●穴チェックデータ（5番人気以下）

コース、条件	1着	2着	3着	4着以下
新馬・未勝利戦の牝馬	2	1	1	19
東京芝1400	1	0	1	1
芝1200	0	1	0	19
ダート関西場	0	0	0	13

ロージズインメイ
ヘイロー系

◆穴ならここ！
①芝連闘
②京都ダート1800m・春開催・牡馬
③中山ダート1800m・冬開催・牡馬
④京都ダート1200m・牝馬

×ここはムリ……
①函館芝、札幌芝
②函館ダート、札幌ダート
③福島芝＋ダート

【補足事項】稀代の穴種牡馬で、ここ数年、クラスを問わず、思い出した頃に大穴をあける。

最近ではサンマルデューク、コスモカナディアン、ローズプリンスダムとダート中距離の爆穴が印象的。基本的には芝もダートもコーナー４つを得意としている。

ロージズインメイ●穴チェックデータ（5番人気以下）

コース、条件	1着	2着	3着	4着以下
芝連闘	1	2	1	12
京都ダ1800・春・牡馬	2	1	1	9
中山ダ1800・冬・牡馬	3	1	3	21
京都ダ1200・牝馬	1	2	3	8
札幌＋函館・芝	0	1	0	23
札幌＋函館・ダート	0	0	0	29
福島・芝＋ダート	0	1	1	65

芝連闘の３着以内４回は３頭による。

　またダートでは、性差と季節の差が大駆けに関係しているようで、ご覧のようになかなか面白いデータが拾えた。

　京都ダート１８００ｍの春開催、牡馬の３着以内４回は３頭による。また中山ダート１８００ｍの冬開催（12～２月・開催ではなく月。２回中山の１週目も含む）、牡馬の３着以内７回は４頭による。


（血統力絞り出し表Ｐ１３０～１３１）

全体連対率	人気なり連対数	実複勝率	全体複勝率	人気なり複勝圏数
82.3%	0	0.0%	89.6%	0
66.6%	2.664	100.0%	78.8%	3.152
53.0%	9.54	61.1%	67.0%	12.06
42.8%	8.132	68.4%	56.7%	10.773
33.8%	10.816	43.8%	47.7%	15.264
27.4%	11.508	35.7%	40.2%	16.884
21.1%	13.715	29.2%	32.9%	21.385
16.1%	10.143	20.6%	26.0%	16.38
11.4%	7.752	16.2%	19.5%	13.26
8.6%	9.288	16.7%	15.2%	16.416
5.3%	6.678	11.9%	10.3%	12.978
3.1%	6.417	6.8%	6.0%	12.42
0.8%	2.312	1.4%	1.8%	5.202

実連対数	想定連対数	実３着以内数	想定3着以内数
100	98.965	151	156.174
	101%		**97%**

勝数を上回っているのだ。穴を狙うのなら、ダート戦で30～50倍未満のゾーンに入った馬をヒモにでも押さえておくといいだろう。

ケイムホーム●血統力絞り出しメーター

単勝オッズ	該当数	実勝率	全体勝率	人気なり勝利数	実連対率
1.0〜 1.4	0	0.0%	63.8%	0	0.0%
1.5〜 1.9	4	75.0%	46.4%	1.856	100.0%
2.0〜 2.9	18	11.1%	31.8%	5.724	44.4%
3.0〜 3.9	19	31.6%	23.8%	4.522	63.2%
4.0〜 4.9	32	15.6%	17.1%	5.472	25.0%
5.0〜 6.9	42	14.3%	13.3%	5.586	33.3%
7.0〜 9.9	65	9.2%	10.0%	6.5	23.1%
10.0〜14.9	63	6.3%	7.0%	4.41	7.9%
15.0〜19.9	68	1.5%	4.4%	2.992	5.9%
20.0〜29.9	108	4.6%	3.4%	3.672	12.0%
30.0〜49.9	126	4.0%	2.0%	2.52	7.9%
50.0〜99.9	207	1.9%	1.2%	2.484	2.9%
100.0〜	289	0.3%	0.3%	0.867	0.3%

左：実際の成績　右：人気なり成績→	実勝数	想定勝数
	48	46.605
		103%

2倍台の実勝率の低さは気になるが、総合の実勝率はほぼ想定勝率と同じ。しかし、実複勝率は想定勝率をわずかだが下回っている。基本的にはダート戦に絞れば、10倍未満の人気馬は信頼できるし想定

全体連対率	人気なり連対数	実複勝率	全体複勝率	人気なり複勝圏数
82.3%	0.823	100.0%	89.6%	0.896
66.6%	3.996	83.3%	78.8%	4.728
53.0%	10.6	80.0%	67.0%	13.4
42.8%	10.272	41.7%	56.7%	13.608
33.8%	9.802	37.9%	47.7%	13.833
27.4%	18.906	42.0%	40.2%	27.738
21.1%	12.871	32.8%	32.9%	20.069
16.1%	11.592	27.8%	26.0%	18.72
11.4%	7.866	24.6%	19.5%	13.455
8.6%	7.998	25.8%	15.2%	14.136
5.3%	6.784	11.7%	10.3%	13.184
3.1%	4.495	6.2%	6.0%	8.7
0.8%	1.664	1.0%	1.8%	3.744
実連対数	想定連対数		実 3 着以内数	想定3着以内数
116	107.669		179	166.211
	108%			**108%**

コトブリジャール、ティーハーフ、サドンストームといった産駒の大駆けをイメージすると理解しやすいはずだ。

全体連対率	人気なり連対数	実複勝率	全体複勝率	人気なり複勝圏数
82.3%	0	0.0%	89.6%	0
66.6%	2.664	75.0%	78.8%	3.152
53.0%	1.59	66.7%	67.0%	2.01
42.8%	1.712	100.0%	56.7%	2.268
33.8%	1.352	50.0%	47.7%	1.908
27.4%	1.096	25.0%	40.2%	1.608
21.1%	3.165	40.0%	32.9%	4.935
16.1%	2.415	40.0%	26.0%	3.9
11.4%	1.026	22.2%	19.5%	1.755
8.6%	2.15	8.0%	15.2%	3.8
5.3%	1.219	21.7%	10.3%	2.369
3.1%	1.426	10.9%	6.0%	2.76
0.8%	0.608	2.6%	1.8%	1.368
実連対数	想定連対数		実 3 着以内数	想定3着以内数
27	20.423		40	31.833
	132%			**126%**

人気馬の不安定さ。3～10倍未満のゾーンでは27頭走って1勝もしていないのは、大きくマイナスといっていい。

ストーミングホーム●血統力絞り出しメーター

単勝オッズ	該当数	実勝率	全体勝率	人気なり勝利数	実連対率
1.0〜 1.4	1	0.0%	63.8%	0.638	0.0%
1.5〜 1.9	6	50.0%	46.4%	2.784	66.7%
2.0〜 2.9	20	25.0%	31.8%	6.36	70.0%
3.0〜 3.9	24	20.8%	23.8%	5.712	33.3%
4.0〜 4.9	29	10.3%	17.1%	4.959	24.1%
5.0〜 6.9	69	10.1%	13.3%	9.177	27.5%
7.0〜 9.9	61	9.8%	10.0%	6.1	19.7%
10.0〜14.9	72	8.3%	7.0%	5.04	22.2%
15.0〜19.9	69	5.8%	4.4%	3.036	14.5%
20.0〜29.9	93	4.3%	3.4%	3.162	17.2%
30.0〜49.9	128	1.6%	2.0%	2.56	3.9%
50.0〜99.9	145	2.1%	1.2%	1.74	2.8%
100.0〜	198	0.5%	0.3%	0.594	0.5%

左：実際の成績　右：人気なり成績 →	実勝数	想定勝数
	48	51.892
		92%

なかなか勝ち切れないが、絞り出しメーター上では2、3着には入り、実連対数、実複勝数は想定数以上の成績を残している。芝・ダート兼用種牡馬で、どちらかというと芝戦で配当妙味ある馬券を演出する。マ

トピーズコーナー●血統力絞り出しメーター

単勝オッズ	該当数	実勝率	全体勝率	人気なり勝利数	実連対率
1.0〜 1.4	0	0.0%	63.8%	0	0.0%
1.5〜 1.9	4	75.0%	46.4%	1.856	75.0%
2.0〜 2.9	3	33.3%	31.8%	0.954	66.7%
3.0〜 3.9	4	0.0%	23.8%	0.952	50.0%
4.0〜 4.9	4	0.0%	17.1%	0.684	25.0%
5.0〜 6.9	4	0.0%	13.3%	0.532	25.0%
7.0〜 9.9	15	0.0%	10.0%	1.5	13.3%
10.0〜14.9	15	20.0%	7.0%	1.05	33.3%
15.0〜19.9	9	0.0%	4.4%	0.396	22.2%
20.0〜29.9	25	4.0%	3.4%	0.85	4.0%
30.0〜49.9	23	13.0%	2.0%	0.46	17.4%
50.0〜99.9	46	0.0%	1.2%	0.552	8.7%
100.0〜	76	0.0%	0.3%	0.228	0.0%

左：実際の成績　右：人気なり成績 →	実勝数	想定勝数
	11	10.014
		110%

まだ産駒数がそれほど多くないので、率ベースでは大きく変動する可能性もあるが、基本的には勝ち切れないタイプの種牡馬だろうか。実連対数、実複勝数ベースでは想定数を上回っている。目につくのは

	全体連対率	人気なり連対数	実複勝率	全体複勝率	人気なり複勝圏数
	82.3%	2.469	66.7%	89.6%	2.688
	66.6%	4.662	100.0%	78.8%	5.516
	53.0%	29.68	67.9%	67.0%	37.52
	42.8%	23.54	65.5%	56.7%	31.185
	33.8%	20.956	48.4%	47.7%	29.574
	27.4%	32.88	40.0%	40.2%	48.24
	21.1%	26.164	36.3%	32.9%	40.796
	16.1%	25.76	31.3%	26.0%	41.6
	11.4%	16.302	18.9%	19.5%	27.885
	8.6%	16.598	14.0%	15.2%	29.336
	5.3%	14.416	12.5%	10.3%	28.016
	3.1%	9.114	7.8%	6.0%	17.64
	0.8%	4.912	1.3%	1.8%	11.052
	実連対数	**想定連対数**		**実３着以内数**	**想定3着以内数**
	238	227.453		375	351.048
		105%			**107%**

走数も多い種牡馬の中で、すべての率ベースの値が105%を超えているのは驚異的だ。

	全体連対率	人気なり連対数	実複勝率	全体複勝率	人気なり複勝圏数
	82.3%	0.823	0.0%	89.6%	0.896
	66.6%	2.664	50.0%	78.8%	3.152
	53.0%	9.01	70.6%	67.0%	11.39
	42.8%	8.988	61.9%	56.7%	11.907
	33.8%	8.112	50.0%	47.7%	11.448
	27.4%	12.604	45.7%	40.2%	18.492
	21.1%	12.449	32.2%	32.9%	19.411
	16.1%	10.143	27.0%	26.0%	16.38
	11.4%	5.814	39.2%	19.5%	9.945
	8.6%	6.622	16.9%	15.2%	11.704
	5.3%	4.505	11.8%	10.3%	8.755
	3.1%	3.162	5.9%	6.0%	6.12
	0.8%	1.432	2.2%	1.8%	3.222
	実連対数	**想定連対数**		**実３着以内数**	**想定3着以内数**
	111	86.328		149	132.822
		129%			**112%**

的妙味があるのはダート。ダート戦なら、4倍未満の馬は15戦し8勝とまずまず。3倍未満なら6戦中5勝としっかりと勝ち切る。

ブラックタイド●血統力絞り出しメーター

単勝オッズ	該当数	実勝率	全体勝率	人気なり勝利数	実連対率
1.0〜 1.4	3	33.3%	63.8%	1.914	66.7%
1.5〜 1.9	7	85.7%	46.4%	3.248	100.0%
2.0〜 2.9	56	32.1%	31.8%	17.808	58.9%
3.0〜 3.9	55	29.1%	23.8%	13.09	47.3%
4.0〜 4.9	62	19.4%	17.1%	10.602	35.5%
5.0〜 6.9	120	15.8%	13.3%	15.96	28.3%
7.0〜 9.9	124	8.9%	10.0%	12.4	21.8%
10.0〜14.9	160	8.8%	7.0%	11.2	19.4%
15.0〜19.9	143	2.8%	4.4%	6.292	9.8%
20.0〜29.9	193	2.6%	3.4%	6.562	6.2%
30.0〜49.9	272	2.9%	2.0%	5.44	7.0%
50.0〜99.9	294	1.4%	1.2%	3.528	2.4%
100.0〜	614	0.2%	0.3%	1.842	0.7%

左：実際の成績　右：人気なり成績→	実勝数	想定勝数
	119	109.886
		108%

代表馬キタサンブラックは、引退直前こそ1番人気に推されるケースがあったものの、GIを複数勝利している馬には珍しく、2、3番人気に留まるケースが目立っていた。絞り出しメーターを見ればわかる通り、出

ベーカバド●血統力絞り出しメーター

単勝オッズ	該当数	実勝率	全体勝率	人気なり勝利数	実連対率
1.0〜 1.4	1	0.0%	63.8%	0.638	0.0%
1.5〜 1.9	4	50.0%	46.4%	1.856	50.0%
2.0〜 2.9	17	58.8%	31.8%	5.406	70.6%
3.0〜 3.9	21	33.3%	23.8%	4.998	61.9%
4.0〜 4.9	24	8.3%	17.1%	4.104	37.5%
5.0〜 6.9	46	15.2%	13.3%	6.118	34.8%
7.0〜 9.9	59	8.5%	10.0%	5.9	20.3%
10.0〜14.9	63	9.5%	7.0%	4.41	22.2%
15.0〜19.9	51	2.0%	4.4%	2.244	19.6%
20.0〜29.9	77	3.9%	3.4%	2.618	11.7%
30.0〜49.9	85	0.0%	2.0%	1.7	9.4%
50.0〜99.9	102	1.0%	1.2%	1.224	2.9%
100.0〜	179	0.6%	0.3%	0.537	1.7%

左：実際の成績　右：人気なり成績→	実勝数	想定勝数
	45	41.753
		108%

30倍を超えるような人気薄馬の一発は期待できないが、大方のファンのイメージより走っているはず。特に2着（実連対数）が目立つ種牡馬だといっていいだろう。また、芝・ダート兼用種牡馬だが、配当

全体連対率	人気なり連対数	実複勝率	全体複勝率	人気なり複勝圏数
82.3%	0	0.0%	89.6%	0
66.6%	0	0.0%	78.8%	0
53.0%	1.06	100.0%	67.0%	1.34
42.8%	0.428	100.0%	56.7%	0.567
33.8%	0	0.0%	47.7%	0
27.4%	1.096	75.0%	40.2%	1.608
21.1%	0.422	0.0%	32.9%	0.658
16.1%	0.805	40.0%	26.0%	1.3
11.4%	0.228	0.0%	19.5%	0.39
8.6%	0.43	80.0%	15.2%	0.76
5.3%	0.265	40.0%	10.3%	0.515
3.1%	0.527	5.9%	6.0%	1.02
0.8%	0.384	0.0%	1.8%	0.864

実連対数	想定連対数		実３着以内数	想定3着以内数
10	5.645		15	9.022
	177%			**166%**

満といったところになりそう。どちらにせよ、穴傾向の強い種牡馬であるのは間違いないはずだ。

全体連対率	人気なり連対数	実複勝率	全体複勝率	人気なり複勝圏数
82.3%	0.823	0.0%	89.6%	0.896
66.6%	3.33	60.0%	78.8%	3.94
53.0%	11.13	71.4%	67.0%	14.07
42.8%	12.84	50.0%	56.7%	17.01
33.8%	8.788	50.0%	47.7%	12.402
27.4%	20.55	46.7%	40.2%	30.15
21.1%	15.614	36.5%	32.9%	24.346
16.1%	16.422	31.4%	26.0%	26.52
11.4%	9.462	27.7%	19.5%	16.185
8.6%	11.868	13.8%	15.2%	20.976
5.3%	7.844	13.5%	10.3%	15.244
3.1%	6.913	4.9%	6.0%	13.38
0.8%	2.968	2.2%	1.8%	6.678

実連対数	想定連対数		実３着以内数	想定3着以内数
138	128.552		221	201.797
	107%			**110%**

では単勝回収率が133%を記録し激走が目立つ。種牡馬成績も15年10勝だったものが、17年35勝と成績を伸ばした。

モンテロッソ●血統力絞り出しメーター

単勝オッズ	該当数	実勝率	全体勝率	人気なり勝利数	実連対率
1.0～ 1.4	0	0.0%	63.8%	0	0.0%
1.5～ 1.9	0	0.0%	46.4%	0	0.0%
2.0～ 2.9	2	50.0%	31.8%	0.636	100.0%
3.0～ 3.9	1	100.0%	23.8%	0.238	100.0%
4.0～ 4.9	0	0.0%	17.1%	0	0.0%
5.0～ 6.9	4	50.0%	13.3%	0.532	50.0%
7.0～ 9.9	2	0.0%	10.0%	0.2	0.0%
10.0～14.9	5	0.0%	7.0%	0.35	0.0%
15.0～19.9	2	0.0%	4.4%	0.088	0.0%
20.0～29.9	5	20.0%	3.4%	0.17	40.0%
30.0～49.9	5	40.0%	2.0%	0.1	40.0%
50.0～99.9	17	0.0%	1.2%	0.204	5.9%
100.0～	48	0.0%	0.3%	0.144	0.0%

左：実際の成績　右：人気なり成績 →	実勝数	想定勝数
	7	2.662
		263%

既存デビュー馬も少なく断言できる数字ではないが、絞り出しメーターを見る限り、大健闘しているといっていい成績を残した。50倍以上の馬で勝利ナシということを併せて考えると、狙い目は20～40倍未

ロージズインメイ●血統力絞り出しメーター

単勝オッズ	該当数	実勝率	全体勝率	人気なり勝利数	実連対率
1.0～ 1.4	1	0.0%	63.8%	0.638	0.0%
1.5～ 1.9	5	40.0%	46.4%	2.32	40.0%
2.0～ 2.9	21	38.1%	31.8%	6.678	61.9%
3.0～ 3.9	30	30.0%	23.8%	7.14	36.7%
4.0～ 4.9	26	7.7%	17.1%	4.446	30.8%
5.0～ 6.9	75	18.7%	13.3%	9.975	30.7%
7.0～ 9.9	74	10.8%	10.0%	7.4	25.7%
10.0～14.9	102	9.8%	7.0%	7.14	21.6%
15.0～19.9	83	6.0%	4.4%	3.652	12.0%
20.0～29.9	138	3.6%	3.4%	4.692	8.0%
30.0～49.9	148	2.7%	2.0%	2.96	6.1%
50.0～99.9	223	1.3%	1.2%	2.676	3.6%
100.0～	371	0.5%	0.3%	1.113	0.5%

左：実際の成績　右：人気なり成績 →	実勝数	想定勝数
	72	60.83
		118%

実勝数は想定勝数を大きく上回っているのがわかる。実連対数、複勝数も想定数を上回っており、イメージよりはしっかりと好走している馬が多いのだ。今や完全にダート種牡馬となっており、過去3年、ダート

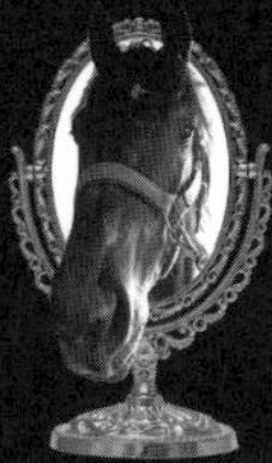

秘宝館4

ディープ、キンカメ、ハーツクライ…
万能型種牡馬11頭の真実

- アイルハヴアナザー
- キングカメハメハ
- クロフネ
- ゴールドアリュール
- シンボリクリスエス
- ゼンノロブロイ
- ディープインパクト
- ネオユニヴァース
- ハーツクライ
- ハービンジャー
- ルーラーシップ

本章のタイトルで「万能型種牡馬」としましたが、これはオールマイティという意味だけでなく、「捉えどころのない」という感覚も込めています。

距離や場などを問わず、平均的に産駒がよく走っている気がするけれど、飛び抜けてことという好走ポイントや個性がつかめない種牡馬ということです。

その真実を知るために、イメージと異なる、いい意味でも悪い意味でも意外な側面を強調。さらに、産駒が人気になることが多い種牡馬なので、1~3番人気に支持されたときに、比較的**裏切ることの多いポイント**もまとめました。これは、あくまで上位3番人気以内に限定したデータなので、ご注意ください。

アイルハヴアナザー

ミスタープロスペクター系

●**代表産駒**／特になし

★**意外な!?　チェックポイント**

①**3歳になると芝で勝てない**

②**中山芝で勝てない**

③函館ダートで走る
④阪神ダート1800mが得意
⑤ダートの不良馬場が得意

■1〜3番人気の裏切りポイント
①芝1800m（ヒモまではあり）
②中京ダート（ヒモまではあり）
③ダートの距離延長時（ヒモまではあり）

3歳以降はダートに特化していく

ミスプロ系のうち、フォーティナイナーからディストーテッドヒューモアを経由するラインです。フォーティナイナーのラインは世界中で繁栄しているように、アイルハヴアナザーも芝・ダートは問いませんが、しかしそれは2歳までの話であって、3歳になると途端に芝で勝てなくなっています。

距離適性には芝・ダートともに幅があり、短距離でないとダメということはありません。ただし、ダートの場合は人気馬が

アイルハヴアナザー●意外!? チェックポイント

コース、条件	1着	2着	3着	4着以下	勝率	連対率	複勝率
芝・3歳	1	9	7	95	0.9	8.9	15.2
中山芝	1	8	2	46	1.8	15.8	19.3
阪神ダ1800	3	5	2	20	10.0	26.7	33.3
函館ダ1700	3	0	3	11	17.6	17.6	35.3
ダート不良	6	3	1	26	16.7	25.0	27.8

アイルハヴアナザー●1〜3番人気の裏切りデータ

コース、条件	1着	2着	3着	4着以下	勝率	連対率	複勝率
芝1800	0	6	4	9	0	31.6	52.6
中京ダート	0	4	0	5	0	44.4	44.4
ダート距離延長	1	2	2	10	6.7	20.0	33.3

距離延長してくると、人気を裏切るケースが多くなっていることは面白い傾向です。
なお、函館ダートの3着以内6回は4頭でマークしたものです。

キングカメハメハ
ミスタープロスペクター系

●代表産駒

♂…レイデオロ、ドゥラメンテ（ダービー、皐月賞他）、**ラブリーデイ**（天皇賞秋、宝塚記念、金鯱賞他）、**ローズキングダム**（ジャパンC、朝日杯FS他）、**ロードカナロア**（スプリンターズS2回、高松宮記念、安田記念、香港スプリント2回他）、**ルーラーシップ**（AJCC、鳴尾記念、金鯱賞他）、**ホッコータルマエ**（チャンピオンズC、レパードS他）、**ベルシャザール**（JCダート他）、**リオンディーズ**（朝日杯FS）、**トゥザグローリー**（京都記念、日経賞他）、**ヤマカツエース**（金鯱賞2回他）、**ヒットザターゲット**（目黒記念、京都大賞典他）**など重賞勝ち馬多数**

♀…アパパネ（牝馬三冠、ヴィクトリアM、阪神JF他）、**レッツゴードンキ**（桜花賞）、**ディアデラマドレ**（マーメイドS、愛知杯他）、**ショウリュウムーン**（チューリップ賞、京都牝馬S他）**など重賞勝ち馬多数**

★意外な!?　チェックポイント

①京都芝の春開催はイマイチ

②中山は野芝の秋開催で不振

③札幌芝1500mは高確率で走るが勝てない
④ダート2歳戦で複勝率4割超え
⑤福島ダート1700mが得意
⑥ダートのGⅡ、GⅢで不振

■1〜3番人気の裏切りポイント
①芝1800m（ヒモまではあり）
②中京ダート（ヒモまではあり）
③下記表のコース（ヒモまではあり）

大物をピンポイントで出す傾向が強まる

ミスプロ系キングマンボのライン。2010、11年のリーディングサイアーでした。その後は年齢もあり、首位には立っていませんが、ディープインパクトよりもパワーがあるので、ディープが苦にする馬場、コースになったときに着実に大きいところを勝ってきた印象です。

キングカメハメハ●意外!? チェックポイント

コース、条件	1着	2着	3着	4着以下	勝率	連対率	複勝率
京都芝・冬開催	23	24	12	124	12.6	25.7	32.2
春開催	9	11	7	118	6.2	13.8	18.6
秋開催	25	23	15	133	12.8	24.5	32.1
中山野芝（秋）	2	5	5	43	3.6	12.7	21.8
札幌芝1500	0	7	3	8	0	38.9	55.6
福島ダ1700	16	12	8	65	15.8	27.7	35.6
ダートGⅡ、GⅢ	0	1	1	14	0	6.3	12.5
ダート2歳	9	12	13	50	10.7	25.0	40.5

キングカメハメハ●1〜3番人気の裏切りデータ

コース	1着	2着	3着	4着以下
東京芝1600	6	6	4	27
東京芝1400	2	4	4	16
中京芝1400	1	1	2	10
福島芝1800	1	0	0	10
小倉芝1200	0	1	3	8
阪神ダ1200	1	1	1	5

サンデー系牝馬との相性が抜群で、それが種牡馬として大成功した最大の要因です。10年には16年ぶりに非サンデー系としてのリーディングサイアーに輝き、1場における1日の最多勝記録、1日の総勝利数の最多記録も更新するという勲章も保持しています。

近年は重病に罹ったように衰えが見え始め、ドゥラメンテやレイデオロ以外は、大舞台での勝負弱さを感じさせる馬が増えてきているし、故障でリタイアする産駒も目立ってきました。層の厚さというよりも、大物をピンポイントで出すタイプに移行しつつあるようです。

産駒には3000m級をこなすようなステイヤーはほぼ不在で、勝ち鞍があるのはラブラドライトくらいなもの。また牝馬には、ダートで出世する馬がほとんどいないことも特徴です。

データを補足すると、まず京都の芝においては、なぜか春の開催だけが率が大きく下がります。野芝がダメなわけではないのですが、秋の中山だけは不振。同じく野芝となる秋の阪神、通年野芝の新潟などでは数字が落ちないだけに、この現象も面白いところ。

ダートでは、ホッコータルマエなどのイメージがあるので意外ですが、期間内では重賞勝ちが厳しくなっています。反面、2歳戦で走ってきており、早熟傾向が出始めているのかもしれません。

東京芝1600、1400mでは、ともに複勝率が3割台。1〜3番人気でこの率では、キングカメハメハにしては低いと考えていいでしょう。

中京芝1400mと福島芝1800mは、人気馬にしては明らかに不振です。

クロフネ

ヴァイスリージェント系

●代表産駒

♂…フサイチリシャール（朝日杯FS、阪神C他）、クラリティスカイ（NHKマイルC他）、セイコーライコウ（アイビスSD）、アースソニック（京阪杯）、ティエムジンソク（東海S、みやこS）、マイネルクロップ（マーチS）、ブラックシエル他

♀…スリープレスナイト（スプリンターズS、CBC賞他）、カレンチャン（高松宮記念、阪神牝馬S他）、ホエールキャプチャ（ヴィクトリアM、府中牝馬S他）、アエロリット（NHKマイルC他）、オディール（ファンタジーS）、ブラボーデイジー（福島牝馬S）、ジューヌエコール（函館SS他）、ホワイトフーガ、クロフネサプライズ他

★意外な!?　チェックポイント

①芝での早熟傾向強まる

②芝の1枠で弱い

③東京ダート1300mは大の苦手

■1～3番人気の裏切りポイント

①当然ながら芝の1枠

②芝の500万下はとにかく勝てない
③芝の中山、小倉も勝てない
④新潟芝1600mの外回りは消しで妙味
⑤札幌ダート全般、阪神ダート1200m

芝の500万下を突破できない産駒が増加

現役時は芝でも上級でやれる力があったのは明らかですが、勝ち切っていたのは相手が弱かったときでした。

当時のGIに設けられていた外国産馬出走制限枠に賞金不足で漏れたために、当初出走予定だった天皇賞秋を除外され、やむなくダートへ回った武蔵野Sで驚異的な強さを見せ、続くJCダートで世界レベルの怪物級の走りを見せたことで評価がウナギ登り。しかし脚部不安を発症し、ダートわずか2戦で引退。その2戦だけで伝説をつくってしまいました。

クロフネ●意外!? チェックポイント

コース、条件	1着	2着	3着	4着以下	勝率	連対率	複勝率
芝・5歳10月以降	1	5	9	104	0.8	5.0	13.8
芝・1枠	2	3	8	86	2.0	5.1	13.1
芝・7枠	10	13	9	129	6.2	14.3	19.9
東京ダ1300	1	1	1	35	2.6	5.3	7.9

クロフネ●1〜3番人気の裏切りデータ

コース、条件	1着	2着	3着	4着以下
芝・1枠	0	0	3	14
芝・500万下	0	8	2	11
芝・中山	1	5	2	16
芝・小倉	1	4	0	10
芝・新潟外1600	0	1	0	6
札幌ダート	3	4	1	11
阪神ダ1200	1	3	7	5

血統的にはアウトブリードを重ねた異色の配合で、父系以外は傍流で固められた血筋です。そのためか、種牡馬としてはかなりクセがあり、人気馬の裏切りポイントもけっこう多い。

クロフネの本質はスピードにあります。ダートでもパワーで押したのではなく、ダート馬にはあり得ないスピードを発揮したから、あんな勝ち方ができたのです。

だから、ダートでの勝利はとても多いものの天井があり、ＪＲＡでのダート重賞は、２０１５年のマーチＳでマイネルクロップが勝ったのが初めてだったのです。その後もテイエムジンソクの例があるだけ。出世した産駒の大半は芝であり、ダートではオープン特別止まりでした。

ただ、種牡馬として晩年にさしかかり衰えているということもあり、その分、特性のスピードが落ちて、むしろダートにシフトする可能性もあります。

芝の５００万下で期間内に勝てていないということは、それだけ今後の芝の成績が低下していくということの証でもあるでしょう。ここ1、2年の産駒成績の推移がカギとなりそうです。

前述のデータの補足をすると、芝の早熟傾向というのは、５歳秋以降の衰えが激しいということ。

また芝の1枠は、枠順別平均単勝人気第2位であり、それでいて第6位の7枠と比べてこれほど差があるという点は、特筆に値すると考えます。

そして芝５００万下で勝てないというデータですが、この５００万は2、3歳限定戦も古馬も関係ありません。

ゴールドアリュール ヘイロー系

●代表産駒

♂…エスポワールシチー（フェブラリーS、JCダート他）、ゴールドドリーム（フェブラリーS、チャンピオンズC他）、コパノリッキー（フェブラリーS2回他）、シルクフォーチュン（プロキオンS、根岸S他）、タケミカヅチ（ダービー卿CT）、メイショウスミトモ（シリウスS）、レッドアルヴィス（ユニコーンS）、サンライズノヴァ（ユニコーンS）、スマートファルコン、オーロマイスター、クリソライト他

♀…フーラブライド（中山牝馬S、愛知杯）

★意外な!?　チェックポイント

①芝は1600万下になると難しい

②東京ダート2100mは勝てない

■1〜3番人気の裏切りポイント

①当然ながら東京ダート2100m

②小倉ダート

③芝の関西場

本領のダートでは、まだ天下が続きそう

ゴールドアリュール自身の現役時を振り返ると、3歳上半期までは芝兼用の成績で、ダービーでも5着となっています。産駒のオーロマイスターもエスポワールシチーも、当初は芝馬でした。

ただ、種牡馬としては晩年に入ってきていて、それにつれてか芝の成績が急降下。今回の期間内では、芝で2勝した馬は1頭だけでした。

ただ本領のダートでは、依然として衰え知らず。コパノリッキー、ゴールドドリームと連続してチャンピオンホースを出し続けています。また東京のワンターンの距離を得意とする馬が多いのも特徴です。

代表産駒を見ればわかるように、出世する馬には圧倒的に牡馬が多いことも特徴。牝馬は基本的に1000万までと見ていいでしょう。

東京ダート2100mでは好走馬が多くても、人気でも勝ち切れなくなるのは、基本的にスタミナに難があるということ（芝2600mを得意としたサイモントルナーレは例外でしょう）。

また、小倉ダートでは3番人気まで広げても、複勝率が34・3％し

ゴールドアリュール●意外!? チェックポイント

コース、条件	1着	2着	3着	4着以下	勝率	連対率	複勝率
芝1600万以上クラス	0	2	0	49	0	3.9	3.9
東京ダ2100	0	5	4	28	0	13.5	24.3

ゴールドアリュール●1〜3番人気の裏切りデータ

コース、条件	1着	2着	3着	4着以下
東京ダ2100	0	3	3	4
小倉ダート	3	4	5	23
芝・関西場	2	1	0	8

かありません。明らかに苦手コースと見ていいでしょう。

いずれにせよ、率にすると激オシしたくなるほどの長所もなければ、芝はともかくダートでは積極的に切りたい要素も少ないという、捉えどころのない種牡馬となっています。

シンボリクリスエス

ロベルト系

●代表産駒

♂…エピファネイア（ジャパンC、菊花賞他）、**ストロングリターン**（安田記念、京王杯SC他）、**サクセスブロッケン**（フェブラリーS他）、**アルフレード**（朝日杯FS）、**サンカルロ**（阪神C2回）、**アリゼオ**（毎日王冠、スプリングS）、**ミトラ**（金鯱賞、福島記念）、**モンテクリスエス**（ダイヤモンドS）、**アプレザンレーヴ**（青葉賞）、**ショウナンラグーン**（青葉賞）、**ランフォルセ**（エルムS）他

♀…特になし

★意外な!? チェックポイント

①牝馬の重賞連対は通算でも1頭だけ

②芝もダートも7歳以上は勝てない

③小倉芝1200m、阪神と京都の芝1800m、京都芝2000mは苦手

④ダート1900mは勝てない

■1〜3番人気の裏切りポイント

①6歳以上は、芝もダートもヒモ量産
②ダート1200mもヒモまで
③芝重賞
④芝新馬戦
⑤小倉芝

2、3歳戦で活躍しにくい血統特性が災いに

現役時の走りそのままに、産駒にも持続力が伝わっています。一瞬の加速には弱いものの、速いラップを長く続けることは得意で、高速馬場にも強い。

反面、スローからの瞬発力勝負になりやすい2歳戦や3歳春までのレースでは力を出しづらいために、上級へ昇る産駒が少なくなるという悪循環に陥り、出世馬が出なくなっています。

また弱点がにわかに増えてきており、高齢化による先細りの兆候も出

シンボリクリスエス●意外!? チェックポイント

コース、条件	1着	2着	3着	4着以下	勝率	連対率	複勝率
7歳以上・芝	1	5	5	56	1.5	9.0	16.4
7歳以上ダート	0	2	2	43	0	4.3	8.5
小倉芝1200	1	2	1	42	2.2	6.5	8.7
阪神芝1800	1	2	0	32	2.9	8.6	8.6
京都芝1800	0	0	0	26	0	0	0
京都芝2000	1	0	7	33	2.4	2.4	19.5
ダート1900	0	5	4	44	0	9.4	17.0

ています。高齢馬の苦戦傾向はかなり強くなってきました。

ここまでに牝馬の活躍馬がまったく出ておらず、異常なまでの牡馬偏向種牡馬。牝馬のJRA重賞勝ちは通算でゼロ、連対も1頭だけです。エピファネイアにも表れていましたが、気性の難しいタイプ（荒いとか、ムラとか、集中力が足りないとか）が多く、ピークが短いきらいもあります。今後は中級の条件馬を出していくことになりそうです。

ゼンノロブロイ ヘイロー系

●代表産駒

♂…ペルーサ（青葉賞）、**トレイルブレイザー**（AR共和国杯、京都記念）、**ルルーシュ**（AR共和国杯）、**ナムラビクター**（アンタレスS）、**アズマシャトル**（小倉記念）、**タンタアレグリア**（AJCC）、**リアファル**（神戸新聞杯）、**メートルダール**（中日新聞杯）、**サトノフェイバー**（きさらぎ賞）

♀…サンテミリオン（オークス、フローラS）、**アニメイトバイオ**（ローズS）、**コスモネモシン**（新潟記念、フェアリーS）、**バウンスシャッセ**（愛知杯、中山牝馬S、フ

シンボリクリスエス●1～3番人気の裏切りデータ

コース、条件	1着	2着	3着	4着以下
6歳以上・芝	1	3	1	9
6歳以上ダート	1	4	2	6
京都ダ1900	0	1	0	6
ダ1200全般	1	6	3	10
芝・重賞	0	1	0	6
芝・新馬戦	1	2	5	14
芝・小倉	1	2	3	10

ラワーＣ）、サングレアル（フローラＳ）、リラヴァティ（マーメイドＳ）、アグネスワルツ

★意外な!?　チェックポイント

①スタミナはあるが、なぜか芝２６００ｍ戦は苦手
②11月の芝戦が極端に勝てない
③穴はダートであける傾向
④同じダート１９００ｍでも京都と中京は別馬になる（京都＞中京）

■１〜３番人気の裏切りポイント

①福島芝１２００ｍ
②阪神芝２０００ｍ
③東京ダート１４００ｍ
④福島ダート全般

芝よりダート傾向が強まる

現役時は、滑るようなフォームで徐々に加速していく走りであり、シンボリクリスエスと並んで、持続力を武器とした

ゼンノロブロイ●意外!?　チェックポイント

コース、条件	1着	2着	3着	4着以下	勝率	連対率	複勝率
芝2600	1	4	4	41	2.0	10.0	16.0
芝11月	1	8	5	110	0.8	7.3	11.3
京都ダ1900	7	9	7	96	18.4	23.7	34.2
中京ダ1900	1	3	3	31	2.6	10.5	18.4

ゼンノロブロイ●1〜3番人気の裏切りデータ

コース、条件	1着	2着	3着	4着以下
福島芝1200	1	2	0	11
阪神芝2000	1	0	1	8
東京ダ1400	1	0	0	6
福島ダート全般	0	3	1	9

馬でした。母方は典型的な北米ダート血統で、母ローミンレイチェルは北米GⅠ含む重賞3勝の一流牝馬でした。こちらの能力が伝わっていると見ます。

種牡馬としては、持続力タイプの常で決め手に欠ける産駒が多く、上がりが速くなる競馬には弱い。高速馬場も苦手です。力のいる芝での、コーナー4つの競馬で能力全開となります。これが、大物産駒を出せない理由。特に牡馬は、芝のGⅠ未勝利のまま（2018年2月末現在）です。

現在は日高に移動していますが、その初年度から、きさらぎ賞を勝ったサトノフェイバーを出しました。初の牡馬クラシック制覇への期待がかかりましたが、後日、故障が判明。

期間内の種牡馬成績にはつかみどころがなく、かなり平均化、平凡になってきました。

ステイヤーとはいえないまでも、産駒にはスタミナもある程度あるのですが、芝2600m戦となるとかなり厳しい。

また、なぜか11月の芝は勝てません。この時期の開催場が合わない可能性もありますが、他の月には走っていいます、理由はよくわからないのですが、事実として覚えておきたいところ。

ダートでは、全1518走で、単勝回収率が109％もあります。そして同じ1900mでも、京都は得意、中京は苦手とクッキリ分かれます。

人気を裏切るケースについてですが、主要種牡馬にしては、そもそも人気になることが減ってきました。それでも、ここに挙げたコースについては、その支持を集めた数少ない事例の中で凡走する率が高いといえます。

ディープインパクト

ヘイロー系

●代表産駒

♂…サトノダイヤモンド（ダービー、菊花賞、有馬記念他）、マカヒキ（ダービー、弥生賞他）、ディープブリランテ（ダービー他）、キズナ（ダービー、大阪杯他）、ディーマジェスティ（皐月賞、セントライト記念他）、スピルバーグ（天皇賞秋）、リアルインパクト（安田記念、阪神C他）、トーセンラー（マイルCS、京都記念他）、エイシンヒカリ（香港C、毎日王冠他）、ミッキーアイル（マイルCS、NHKマイルC他）、ダノンシャーク（マイルCS他）、リアルスティール（ドバイターフ、毎日王冠他）、アルアイン（皐月賞他）、サトノアラジン（安田記念他）、ダノンプラチナ（朝日杯FS他）、サトノアレス（朝日杯FS）、ダノンプレミアム（朝日杯FS）、ダノンバラード、ラストインパクト、サトノノブレス、ディサイファ、ステファノス他重賞勝ち馬多数

♀…ジェンティルドンナ（ジャパンC2回、有馬記念、桜花賞、オークス、秋華賞、ドバイシーマC他）、ハープスター（オークス、札幌記念他）、ヴィルシーナ（ヴィクトリアM2回他）、ラキシス（エリザベス女王杯他）、ショウナンパンドラ（ジャパンC、秋華賞他）、ミッキークイーン（オークス、秋華賞他）、マリアライト（宝塚記念、エリザベス女王杯）、シンハライト（オークス他）、ヴィブロス（秋華賞、ドバイターフ）、マルセリーナ（桜花賞他）、アユサン（桜花賞）、ジョワド

ヴィーヴル（阪神JF）、ショウナンアデラ（阪神JF）、デニムアンドルビー、ウリウリ、スマートレイアー他重賞勝ち馬多数

★意外な!?　チェックポイント

①3歳以降、前哨戦GⅡ勝ちの産駒は本番（GⅠ）を逃がすケースが多い
②芝GⅠで4歳以上の1番人気は意外と勝てない
③芝稍重の好走率は良馬場より上
④2歳の芝の札幌、函館は意外と勝てない
⑤芝で500m以上の距離短縮で穴をあける傾向

■1～3番人気の裏切りポイント

①札幌芝2000m
②新潟芝内回り2000m
③福島芝1200m
④京都芝重賞の外回り1600m、2200m
⑤中山芝重賞の1800m
⑥東京芝重賞の2000、2500m
⑦芝重賞で不良馬場

ディープインパクト●1～3番人気の裏切りデータ

コース、条件	1着	2着	3着	4着以下
札幌芝2000	5	4	3	19
新潟芝内2000	0	2	0	8
福島芝1200	2	3	2	11
芝重賞・京都2200	1	2	4	5
芝重賞・京都外1600	1	1	2	8
中山芝1800	1	1	2	5
東京芝2000	0	0	1	5
東京芝2500	0	1	1	4
芝・不良	0	1	0	4
新潟ダート	2	1	0	9
札幌ダート	1	2	1	9

ディープインパクト●意外!?　チェックポイント

コース、条件	1着	2着	3着	4着以下	勝率	連対率	複勝率
芝2歳・札幌＋函館	3	6	1	8	16.7	50.0	55.6
芝2歳・小倉	0	2	0	5	0	28.6	28.6
芝500m以上短縮時	17	13	22	93	11.7	20.7	35.9
中京ダ1900	1	3	3	31	2.6	10.5	18.4

⑧新潟ダートと札幌ダート

ダノンプレミアムとワグネリアンの今後を注視

全兄にオンファイア、ブラックタイド。近親にゴルトブリッツ、ウインクリューガー、ソリッドプラチナムがいます。母方は欧州の古い異系ステイヤー配合で、かなりスタミナを有する牝系。

現役時代は、卓越した瞬発力と持続力を併せ持ち、マクリの競馬を得意としていました。それだけに、自力で動ける2400m以上のパフォーマンスが高く、長距離戦のほうが強かったといっていいでしょう。菊花賞やラストランとなった有馬記念での強さが、それを物語ります。

マクれたということは、瞬時に加速できる瞬発力があるからで、それが産駒の大半にも遺伝しています。それだけにスローペースにはとにかく強い傾向があります。

2015年までは、牡馬のクラシックホースはディープブリランテとキズナの2頭だけでしたが、16年は育成を急がせないという、ディープ牡馬産駒の扱い方を変えた社台・厩舎サイドの戦略からか、にわかに盛り返して三冠を独占。

ただ、2歳重賞の急増に伴い、一口クラブ会員対策もあって、そうとばかりはいってられないのか、また早期に仕上げられる産駒が増えてきました。

2歳重賞を勝ったディープインパクト産駒は意外と少なく、現在4歳に達した世代を対象にすると全産駒通算で10頭だけなのですが、その中で、3歳9月以降に再度重賞を勝ったのはダノンプラチナとダノンバラード、シャイニングレイだけ。GⅠ勝ちにいたってはゼロです。

アダムスピークやハートレー、カデナらの戦績、また故障して早期にリタイアしてしまったディープブリランテやハープスターらを見ればおわかりだと思いますが、性別問わず、もともと早期育成は向いていないというのが本質でしょう。

その意味では、17年に卓越したパフォーマンスを見せた2歳馬、ワグネリアンとダノンプレミアムがどうなっていくのかが楽しみです。

1番人気での複勝率が低下の異常事態

さて、種牡馬ディープインパクトにとって、この2、3年はひとつの大きな岐路だと思っています。

それは大舞台での勝負弱さが出てきたこと。ディープ産駒の代名詞ともいえるGⅠの勝ち鞍に絞ると、この5年の推移は次のようになっています。

13年　5勝
14年　10勝
15年　4勝
16年　9勝

17年　3勝

こう見ると、確かに17年は最小の3勝ではあるものの、それ以前に5、4勝もあり、取り立てて不安を指摘する必要はないようにも思えますが、さらに細かく見ていくと面白いことがわかります。13年の5勝時は、複勝率は43・2％。14～16年の複勝率はだいたい25～27％でまとまっていました。しかし17年は【3―1―8―51】で複勝率は19％。これはワーストであり、落ち込みが大きくなっています。出走頭数が多くなっているわけでもなく、ここ5年とほぼ同じ。さらに、これまで50％を切ったことが一度もなかった1番人気での複勝率が40％【1―0―1―3】であり、4着以下に3回も落ちていたのです。

これはある意味、仕方のないところがあります。日本に溢れるサンデーサイレンス産駒の牝馬とは交配できませんし、また自らの産駒の牝馬もかなり増えています。

つまり配合相手が年々限られていく。交配料は高騰しているから、他系統の良質牝馬でも限られた所有の馬しか付けられない。結果、先細り現象が現れる……という時期に差しかかっているのは明らかです。

だからこの傾向が継続するのか、またなんらかの異系牝系、父系の導入が成功して（マカヒキやサトノダイヤモンドなど南米血統の導入）、V字基調で回復し劣化のイメージを払拭するのか、その見極めが18、19年あたりとなるわけです。

「雨上がりのディープ」と芝の極端な距離短縮

では、ここからはデータについての補足をしていきましょう。

意外と反動が出るタイプなのか、3歳以降に前走でGⅡ、つまり前哨戦を勝ってGⅠに臨んだディープ産駒は本番を勝てない傾向があります。サトノダイヤモンドの菊花賞などの例外はもちろんありますが、トライアルで負けていたほうが、直後のGⅠで勝ち切ることが圧倒的に多いです。

そして芝のGⅠで、4歳以上のディープ産駒が1番人気に支持されたときの成績は【2―2―2―9】と意外と不振。

また、「雨上がりのディープ」とはよくいわれますが、滑るような浅い道悪の芝ではよく走ります。重心の低い産駒が多いからかもしれません。特に、道悪から雨が止んで回復基調にあるときがベスト。

面白いのは、芝で距離を大幅に短縮したときの成績が高いこと。期間内総合の複勝率33・9％より2ポイントも高くなります。500m以上短縮したときに、総合成績より高い率を示す種牡馬というのは、私の知る範囲では初めて見ました。なお、このときの複勝回収率も102％あって、6番人気以下で3着以内に入ったことが14回あります。

なお人気馬の裏切りデータについては、人気になりがちなディープですから、あえてたくさんの項目を挙げておきました。

消しやヒモ下げなどの基準として参考にしてください。苦手コースが以前に比べ増えてきています。

ネオユニヴァース ヘイロー系

●代表産駒

♂…ヴィクトワールピサ（有馬記念、皐月賞、ドバイWC他）、**ロジユニヴァース**（ダービー、弥生賞他）、**アンライバルド**（皐月賞、スプリングS）、**デスペラード**（ステイヤーズS2回、京都記念）、**ネオリアリズム**（札幌記念、中山記念）、**ゴールスキー**（根岸S）、**ネオヴァンドーム**（きさらぎ賞）、**フラアンジェリコ**（京王杯AH）、**ブライトエンブレム**（札幌2歳S）、**グレンツェント**（東海S他）、**オールアズワン**（札幌2歳S）、**サンデーウィザード**（新潟大賞典）、**サウンズオブアース**他

♀…イタリアンレッド（府中牝馬S、小倉記念他）、**フォーエバーモア**（クイーンC）、**オメガハートロック**（フェアリーS）

★意外な⁉　チェックポイント

①芝GIではもう限界

②阪神芝2400mはなぜか得意

③京都芝2000m、阪神芝1600mは大不振
④東京ダート1400mが苦手
⑤函館ダートは勝てない

■1〜3番人気の裏切りポイント
①芝の8枠
②福島芝（よくて3着まで）
③阪神芝1600m
④福島芝1200m
⑤東京ダート1400m

クラシック戦線は遠くなってきた……

母方は異系の血が強く、クロスを持っていません。配合相手はサンデー系以外なら、日本の主流種牡馬系に属する牝馬をなんでも持ってこられるのは強みですが、飛び抜けて相性のよい系統も見られないようです。

ネオユニヴァース●意外!? チェックポイント

コース、条件	1着	2着	3着	4着以下	勝率	連対率	複勝率
芝GI	0	2	1	14	0	11.8	17.6
阪神芝2400	4	2	3	13	18.2	27.3	40.9
京都芝2000	1	2	4	32	2.6	7.7	17.9
阪神芝1600	1	1	0	42	2.3	4.5	4.5
東京ダ1400	2	0	2	57	3.3	3.3	6.6
函館ダート全般	0	2	4	33	0	5.1	15.4

ネオユニヴァース●1〜3番人気の裏切りデータ

コース、条件	1着	2着	3着	4着以下
芝1枠	7	8	4	13
芝8枠	3	10	5	16
福島芝全般	1	1	4	13
阪神芝1600	0	1	0	6
福島芝1200	0	1	0	7
東京ダ1400	0	0	1	7

※1枠は勝ち切りが多く、8枠との対比で挙げている。

出世馬の多くは牡馬に偏っています。これは、なぜか牝馬に早熟傾向が強いことがあるのでしょう。

また近年はクラシックに乗れるような馬がほとんど見られません。それぞれの持ち場で強い個性的なオープン馬がポツポツ出てくる程度で、種牡馬としての成績は条件クラスに負っています。

得意なのは小回りコースで、瞬発力よりも持続力で勝負。平均的なラップを長く刻むレースに強いのは、ゼンノロブロイと似ています。ただゼンノロブロイよりはパワーに欠けます。

２０１５年には社台ＳＳがとうとうリリースして、日高のレックススタッドへ移りました。意地の一発を期待したいところです。

データを見ると、このところ得意な条件がなくなってきて、苦手が突出してきつつあります。

芝での数少ない得意コース、阪神芝２４００ｍでの3着以内9回は7頭によるもので、とにかくよく走る。

人気馬での裏切りについては、8枠での異常な勝ち切れなさに注目です。対比として1枠を出しましたが、この2つの枠は単勝の平均人気がほぼ同じです。それでこの差というのは、明らかに外枠になったら、軸というよりヒモ付けのほうが有効といっていいでしょう。

ハーツクライ ヘイロー系

●代表産駒

♂…ジャスタウェイ（天皇賞秋、安田記念、ドバイDF他）、ワンアンドオンリー（ダービー他）、シュヴァルグラン（ジャパンC、阪神大賞典他）、ウインバリアシオン（青葉賞、日経賞）、アドマイヤラクティ（ダイヤモンドS他）、フェイムゲーム（ダイヤモンドS3回、AR共和国杯他）、スワーヴリチャード（AR共和国杯他）、カレンミロティック（金鯱賞）、メイショウナルト（小倉記念他）、ギュスターヴクライ（阪神大賞典）、カポーティスター（日経新春杯）、ロジクライ（シンザン記念）、サトノクロニクル（チャレンジC）、タイムフライヤー（ホープフルS）他

♀…ヌーヴォレコルト（オークス、ローズS、中山記念他）、マジックタイム（ダービー卿CT他）、リスグラシュー（東京新聞杯、アルテミスS）、シュンドルボン（中山牝馬S）、コレクターアイテム（アルテミスS）、アドマイヤミヤビ（クイーンC）他

★意外な⁉　チェックポイント

①芝GⅠで意外と勝てない
②小倉芝2000mと京都芝2200mでとにかく勝てない
③中京芝2200mは異様に強い
④ダートでは1000万になると勝てなくなる

⑤ダートでは5歳になると勝てない
⑥芝での重賞1番人気はよく走る

■1〜3番人気の裏切りポイント
①京都芝1800m
②芝2400m全般
③札幌ダート1700m

時計も速く底力もあったジャスタウェイは例外的存在

現在の中央競馬において、芝の長距離適性は最高ランクのスタミナ型種牡馬です。これは母の父トニービンの特性を強く受け継いだためであり、種牡馬傾向や産駒のタイプもトニービンと似ています。とはいえ、脚の遅さが年々強まって、スタミナと持続力が強くなりすぎているような気がします。底力が武器で、時計勝負には弱いタイプ。軽い芝での切れ勝負にも、高速決着にも、時計のかかるコンディションでも強かったジャスタウェイは例外的存在であり、だからこそスーパースターとなり得たのでしょう。

本質はウインバリアシオン、アドマイヤラクティ、シュヴァルグラン、フェイムゲームのイメージが、ハーツクライ産駒を語るうえでふさわしいものだと思います。

その分、瞬発力が減退してきていて、そこがGIで勝てなくなっている現象につながっていると見ます。それは長距離戦でも表れています。

菊花賞+天皇賞春の期間内の成績は【0—3—2—8】。昔のような、純粋なスタミナ比べではなく、後半2000m前後のスピード比べ、あるいはラスト800mの上がり比べになる傾向が出てきている菊花賞、天皇賞春では、スタミナが活かしづらくなっているのでしょう。

また産駒例を見ればおわかりのように、牝馬の出世馬が少ないです。ヌーヴォレコルトは例外的存在といっていいでしょう。期間内の芝の牝馬GIは【0—4—1—22】で、大舞台でも勝ち切れなくなってきています。

そして、代表産駒をもう一度見ていただきたいのですが、牝馬の距離適性距離がマイルから1800mくらいに偏っています。性別による距離適性の差が強まってきているといえそう。

ハーツクライ●意外!? チェックポイント

コース、条件	1着	2着	3着	4着以下	勝率	連対率	複勝率
芝GI・牝馬	0	4	1	22	0	14.8	18.5
中京芝2200	7	6	7	34	13.0	24.1	37.0
小倉芝2000	1	13	7	54	1.3	18.7	28.0
京都芝2200	1	8	2	39	2.0	18.0	22.0

ハーツクライ●1〜3番人気の裏切りデータ

コース、条件	1着	2着	3着	4着以下
芝2400全般	0	0	2	13
京都芝1800	1	0	1	8
札幌ダ1700	0	0	1	5

芝重賞1番人気での成績は、すでにディープ超え

よく産駒の成長力の強さが取り沙汰されますが、裏を返すと、早期に促成されて2歳重賞を勝ち負けするような馬は、成長が止まって尻すぼみになる傾向があります。

つまり、ハーツクライは、基本的には晩成型種牡馬といえるでしょう。このあたり、リスグラシューやタイムフライヤーが今後、どんな成績を積み重ねて払拭していくか。

一部には、1番人気に弱いといわれているようですが、決してそんなことはありません。芝の重賞の1番人気では期間内は【8—4—3—8】であり、人気になる回数が少ないといっても、すべての率でディープインパクトより上です。また1番人気馬の総合の複勝率も上回っており、特に弱いということはありません。

ハービンジャー

ダンチヒ系

●代表産駒

♂…ペルシアンナイト（マイルCS、アーリントンC）、**ベルーフ**（京成杯）、**ドレッドノータス**（京都2歳S）、**プロフェット**（京成杯）、**トーセンバジル**

♀…モズカッチャン（エリザベス女王杯、フローラS）、ディアドラ
（秋華賞、紫苑S）

★意外な!?　チェックポイント

①中山芝1200mで走る
②新潟芝1600mは苦戦
③関東馬の芝の関西場（京都、阪神、中京、小倉）遠征は割引
④ダートは5歳になると連対も厳しい

■1～3番人気の裏切りポイント

①中山芝2200m
②新潟芝1600m
③小倉芝1200m
④ダート牝馬限定戦
⑤中山ダート1800m
⑥新潟ダート1800m

仕上げを遅らせた結果、GI馬が誕生した!?

ハービンジャー●意外!?　チェックポイント

コース、条件	1着	2着	3着	4着以下	勝率	連対率	複勝率
中山芝1200	3	3	1	4	27.3	54.5	63.6
新潟芝1600	0	1	3	29	0	3.0	12.1
芝・関東馬の西下	4	2	3	52	6.6	9.8	14.8
ダート5歳以上	0	1	3	32	0	2.8	11.1

ハービンジャー●1～3番人気の裏切りデータ

コース、条件	1着	2着	3着	4着以下
中山芝2200	1	1	1	6
新潟芝1600	0	1	2	8
小倉芝1200	0	0	2	6
ダート牝馬限定	2	1	1	14
中山ダ1800	3	1	0	10
新潟ダ1800	0	0	2	6

初年度産駒から重賞勝ち馬を出したものの、その後は伸び悩んで早熟で終わる馬が多く、尻すぼみになるケースが目立ちました。

この結果を見てからかどうかはわかりませんが、二世代目からは2歳のうちにガンガン仕上げていくことを避ける産駒が増えたように思います。

その結果、3歳春後半から一気に台頭したモズカッチャン、ディアドラ……そして皐月賞では2着でしたが、2歳時には重賞を使わずハイレベルの消耗を避けていたペルシアンナイトらが続々とGⅠを勝つという成果を発揮したのです。

ただし、クラシックではまだ2着までであり、今後はいわゆる5大競走、8大競走での勝利が課題となります。

元来、瞬発力に欠けて、スピードの持続力で攻めるタイプであり、さりとてスタミナ型でもない。このへんを考えると、上がり比べとなりがちな大舞台では、展開に恵まれる必要があるのかもしれません。

なお、基本的にダートは苦手。来るにしても下級条件。そもそもダート全般の複勝率が1～3番人気馬でも37・8％しかなく、前回着順がたとえよくても過信禁物という結果になっています。

データを見ていくと、意外なのは中山芝1200mで安定していること。3着以内7回は4頭でマークしています。直線平坦の短距離はあまりよくないところを見ると、急坂の中山なら通用するということでしょう。
　また関東馬の関西遠征では、すべての率が芝全般の4割程度低下します。

ルーラーシップ

ミスタープロスペクター系

●代表産駒

♂…キセキ（菊花賞）、ダンビュライト（AJCC）
♀…→テトラドラクマ（クイーンC）、リリーノーブル

★意外な!?　チェックポイント

①新潟芝1800m、小倉芝1800mで強い
②東京芝2000mは勝てない
③全場芝2400mで強い
④京都芝の新馬戦で極端に勝てない
⑤ダートは福島1700m、新潟1800mで強く、東京1600mがアタマなし、中山はかなり苦手
⑥ダートの新馬戦はダメ

■1～3番人気の裏切りポイント

①中山芝1800m
②中山ダート1800m
③ダート不良馬場

母父トニービンの血から受け継いだ恐るべきスタミナ

半姉にアドマイヤグルーヴ、母がエアグルーヴという名門牝系で、甥にドゥラメンテ。文句なしの超良血です。キングカメハメハの後継に近づいています。

内国産種牡馬でGIを勝っていないのに、200頭を超える種付けを2年連続でこなしているのは極めて異例。それだけ、この血統背景が買われているということです。

母の父トニービンの影響が強く出ているのか、重厚でスタミナを有するタイプの産駒が多いことがハッキリしてきました。

パワーがあってギアが重いので、スイッチが入れば、意外と高速馬場もこなしてしまいます。瞬時の加速ができずに、だんだんスピードアップしていく形になるので、直線の長いコースが向く。

東京や新潟外回りでスローからの高速上がりで、早く仕掛ければ伸び負けしませんが、ただタメすぎてしまうと切れる馬にやられてしまいます。また小回りコースの場合は、思い切って早めにマクリなどの仕掛けを打つ必要があります。

同じトニービンの色が強いハーツクライと似ていますが、ただハーツよりはややスタミナ面で見劣ります。その分、上がりの速さにも対応できているわけです。

今後の問題は、遺伝力が強すぎて、配合相手のよさを出せないきらいが少し見えていること。つまり画一的な産駒ばかりになり、好走するためのツボが小さくなってしまう恐れがあるということ。

こうなると、ピンポイントで条件が合ってこないと勝てない産駒が揃うわけです。いずれにせよ、世代数が重なってどうなるかにかかっています。

データから補足すると、芝の２４００ｍはとにかく安定していて、３着以内12回は６頭でマークしています。

またローカルのダート中距離は意外と走れていて、福島ダート１７００ｍは【４―１―０―４】、新潟ダート【３―３―１―５】となっています。

ルーラーシップ●意外!? チェックポイント

コース、条件	1着	2着	3着	4着以下	勝率	連対率	複勝率
新潟芝1800	4	2	2	10	22.2	33.3	44.4
小倉芝1800	3	2	4	10	15.8	26.3	47.4
東京芝2000	0	2	2	15	0	10.5	21.1
芝2400全般	6	4	2	13	24.0	40.0	48.0
京都芝新馬戦	1	8	5	26	2.5	22.5	35.0
ダート新馬戦	0	0	1	11	0	0	8.3
東京ダ1600	1	4	3	21	3.4	17.2	27.6
中山ダ1800	0	1	3	33	0	2.7	10.6

ルーラーシップ●1～3番人気の裏切りデータ

コース、条件	1着	2着	3着	4着以下
中山芝1800	1	0	1	8
中山ダ1800	0	0	1	7
ダート不良	0	1	1	8

秘宝館 5

馬券は「父」よりこちらで…
買いの母父15頭

アドマイヤベガ
アフリート
アンブライドルズソング
エルコンドルパサー
サッカーボーイ
ジャイアンツコーズウェイ
スキャン
スペシャルウィーク
デピュティミニスター
トワイニング
フォーティナイナー
フレンチデピュティ
マキャヴェリアン
マヤノトップガン
ラムタラ

個人的な話で恐縮ですが、私が予想するうえで、今、種牡馬同様に、あるいはそれ以上に重視しているかもしれないのが**「母の父」**です。ある特定の母父馬がいたら、それを無条件で買い目に入れるという単純な方法で採用しています。

なぜならば、人気、父馬関係なく、コースも馬場も関係なく、ある特定の母父馬産駒の好走確率がとても高いケースがよく見られるからです。

この章では私の経験則に基づいて、今、注目すべき母父馬のリストとデータを分析しています。

具体的に紹介する前に、なぜ母父馬なのかについて、少し考えてみましょう。

まず当たり前のことですが、母の父馬のサンプル数は、父馬より少なくなります。牝馬の父ですから単純に考えても、その種牡馬の全体の産駒の半分のサンプル数（牡馬を除くので）になるわけです。

個体数が半減しているので、ひとレースあたりに複数の母父馬が重なるケースは、父馬が重なるケースよりもかなり少ない。**強い好走傾向が出ている場合は、よりピンポイントでの狙いが立つ**わけです。

そして、この後のデータをご覧いただければおわかりになると思いますが、種牡馬と違って距離の差が出にくい（中には芝・ダート問わないことも）。

また、人気順も問わない結果が出ているということは、種牡馬編で見てきたような適性云々ではなく、母父馬は単純に「競走馬としての強さ、体質やメンタルの強さを伝えている」と仮説を立てることもできます。

いわば総合力としての強さ。そのために、母父馬として優れている種牡馬を狙っての馬券攻略は効果的となるわけです。

また、さらにサンプル数が少なくなるので、データの裏付けが取りにくいのですが、私がもうひとつチェックしているのは、マイナー種牡馬が母の父になっているケースです。

今回のリストではマヤノトップガンやサッカーボーイくらいですが、種牡馬として大成功したとはいいづらいのに、母の父になっているということは、送り出した娘に見るべきもの（馬体や牝系など）があって残されていたということです。

「マイナー」の判断基準は難しいところですが、まず内国産であること、競走馬としては名馬だったけれども、種牡馬としては成功しなかった馬であること……という定義が一番近いと思います。

こうした母父馬は、もちろん下級条件が主ですが、しばしば穴馬券をもたらしてくれる、ありがたい存在となります。

ということで、今回は、私が今「ハマって」いる即買いの母父種牡馬の大公開となります。母父馬としての勝ち鞍やそのグレードは無視して、ひたすら主観に徹していますので、その点はご了承ください。

即買いとはいったものの、さらに効率的に狙える条件はどこにあるのか、回収率はどれくらいあるのか、自分でもまだ調べたことがないので、とても興味深くリサーチしました。

なお、この章だけは、サンプルを少しでも多く取るために、他の章と違って、**対象期間を2018年2月18日**まで延ばしています。

アドマイヤベガ ヘイロー系

●母父としての特徴　芝もダートも1000万下まで

●GOODポイント

①東京+中山の芝の新馬戦【2—2—1—7】

②ダート4歳以上の500万下

●BADポイント（表参照）

【補足事項】アドマイヤベガの娘たちも高齢となってきているためか、活力が下がって芝・ダートともにアフリート、1000万までの狙いとなっています。期間内でオープンを走ったのはタガノアザガル、ニ

母父アドマイヤベガ●BADポイント

コース、条件	1着	2着	3着	4着以下
函館+札幌芝	0	2	1	22
函館+札幌ダ	0	1	1	27
中山ダ1200	0	0	2	27
東京ダ1400	1	1	0	31
芝・父クロフネ	0	1	0	13
芝・父グラスワンダー	0	1	2	32
ダ・父シンボリクリスエス	0	1	1	27

ンジャなど数えるほどしかいません。

ダート総合で508走し、単勝回収率99％、複勝回収率107％。狙いの大半はダートとなりますが、相性の悪いポイントを避ければ、さらに回収率は上がります。

ダートでは3歳、2歳が74走で1勝のみ。勝率1・4％、連対率8・1％に対し、古馬は130走で7勝、勝率5・4％、連対率は11・5％あります。単勝回収率149％、複勝回収率146％なので、人気薄での破壊力は十分。母父アドマイヤベガは、**古馬のダート、特に500万クラスで狙うのが**最も効率がよさそうです。

アフリート
ミスタープロスペクター系

●母父としての特徴　芝は1000万下まで。ダートで光る。回収率が100％以上のポイントが多い。

●GOODポイント

①福島ダート…単勝回収率101％　複勝回収率111％
②中山ダート…単勝回収率132％　複勝回収率107％
③小倉ダート…単勝回収率101％　複勝回収率95％

母父アフリート●BADポイント

コース､条件	1着	2着	3着	4着以下
芝重賞	0	0	1	38
札幌芝	0	0	0	30
中京芝	1	0	0	48
中京ダ1400	0	3	1	42

④新潟ダート…単勝回収率166％。【14―4―5―90】で勝ち切りが圧倒的に多い。

●BADポイント（表参照）

【補足事項】ダートではニシケンモノフ、モルトベーネなどを出していますが、芝では目立った馬がおらず、中堅がせいぜいとなります。

狙うならダート全般で、中京1400m以外のコースなら汎用性があります。

なお、外国供用時の牝馬産駒の父として（つまり母父AFLEETとして）は、期間内では4頭のみ、23走に過ぎないので、ここでは対象から除外しました。

アンブライドルズソング

ミスタープロスペクター系

●**母父としての特徴**　ダートは1000万下まで。芝もダートも走るが出世は芝。だいたいどんな状況でも走るので、狙いも消しも出しづらく、黙って買いのレベル。

●**GOODポイント**

父ハーツクライとの配合

●**BADポイント**　芝の重・不良馬場

母父アンブライドルズソング●GOODポイント

条件	1着	2着	3着	4着以下
父ハーツクライ	13	7	3	38

母父アンブライドルズソング●BADポイント

条件	1着	2着	3着	4着以下
芝重・不良	0	1	1	15

【補足事項】 芝では267走で単勝回収率125％。ダートでは265走で単勝回収率202％をマークしており、1600万以上のクラスを除くと214％まで上がります。

父ハーツクライとの配合は**スワーヴリチャード**で知られますが、他にもアダムバローズ、カレンケカリーナ、ナスノシンフォニーらがおり、相性のよさは保証できるでしょう。この配合の**単勝回収率は277％**、複勝回収率も94％あります。

エルコンドルパサー

ミスタープロスペクター系

●母父としての特徴　娘の世代も高齢になってきたので、かつてほどの破壊力はなくなっていますが、それでもピンポイントで狙えばまだまだ効果的。近年はマリアライト＆リアファルの姉弟、アンビシャス、シュンドルボン、サムソンズプライドなどが具体例です。芝もダートも走りますが、パワーのいる芝コースで、より確実性が増します。

●GOODポイント

①札幌芝

②中山芝2500m

母父エルコンドルパサー●GOODポイント

コース、条件	1着	2着	3着	4着以下
札幌芝	5	0	5	34
中山芝2500	3	1	2	10
芝重・不良	6	1	5	39

母父エルコンドルパサー●BADポイント

条件	1着	2着	3着	4着以下
札幌ダート	0	0	0	22

③芝の重・不良

●BADポイント

札幌ダート

【補足事項】 札幌芝での3着以内10回は9頭がマークしたもの。複勝回収率は110%あります。中山芝2500mの3着以内6回は4頭でマークしたもの。さらに**芝の重・不良馬場**での3着以内12回は、すべて違う馬でマークしたもの。**複勝回収率は128%**です。

サッカーボーイ

ファイントップ系

●母父としての特徴 エルコンドルパサーよりは、はるかに高齢で(オグリキャップ世代)、数はかなり少ないのですが、それを思えば驚異的な成績です。芝に限定してよく、期間内でも複勝回収率は220走で93%あります。

●GOODポイント

芝の未勝利戦~1000万

●BADポイント

①芝の新馬戦

母父サッカーボーイ●BADポイント

コース、条件	1着	2着	3着	4着以下
芝・新馬戦	0	1	1	19
芝1200以下	0	1	1	16

②芝1200m
③ダート全般

【補足事項】芝の未勝利戦から1000万に絞ると、68走で複勝回収率は113%。特別戦に限ると68走で138%にまで上がります。11勝中、4勝は**6番人気以下**でのもの。母父の穴馬として、この1、2年が最後の利用期間となりそうです。

ジャイアンツコーズウェイ ストームキャット系

●母父としての特徴　ほぼ万能です。突出して悪いところがなく、黙って買いのレベル。

●GOODポイント
①中山芝
②阪神ダート1400m

●BADポイント
新潟芝

【補足事項】芝・ダート、期間内の全748走で単勝回収率99%という優秀

母父ジャイアンツコーズウェイ●GOODポイント

コース、条件	1着	2着	3着	4着以下
中山芝	7	7	4	29
阪神ダ1400	7	4	2	13

母父ジャイアンツコーズウェイ●BADポイント

コース、条件	1着	2着	3着	4着以下
新潟芝	1	1	0	23

さ。特に**ダートは462走で単勝回収率129%**に達します。
ローカル芝では2、3着量産型でヒモ狙い。
とにかく母父ジャイアンツコーズウェイは、新潟芝以外は黙って買いです。

スキャン
ミスタープロスペクター系

●母父としての特徴 ダートでは人気薄の激走が目立ちます。全445走で単勝回収率119%、34勝中8勝は単勝6番人気以下でのものでした。馬券的にはとてもありがたい存在。

●GOODポイント
①芝未勝利戦
②京都ダート1800m

●BADポイント
①中山芝
②京都芝
③札幌ダート

母父スキャン●GOODポイント

コース、条件	1着	2着	3着	4着以下
芝・未勝利戦	7	8	1	34
京都ダ1800	5	2	4	15

母父スキャン●BADポイント

コース、条件	1着	2着	3着	4着以下
中山芝	0	0	0	15
京都芝	0	0	1	17
札幌ダート	0	0	0	12

【補足事項】芝の未勝利戦は連対率30%、単勝回収率は185%あります。また京都ダート1800mは単勝回収率124%、複勝回収率131%。

スペシャルウィーク
ヘイロー系

●母父としての特徴　大体「黙って買い」で間違いないレベル。サンデー系では数少ない在来牝系種牡馬であり、母父としても底力を強く伝える傾向があります。芝では距離不問。

●GOODポイント
①芝の高額条件（1000万～オープン特別）
②京都芝1800、2200m

●BADポイント
①中京芝ではヒモ量産型
②ダートの1枠でもヒモ量産型
③ダート2400m以上

【補足事項】芝では、高額条件に強いという珍しいタイプ。複勝回

母父スペシャルウィーク●GOODポイント

コース、条件	1着	2着	3着	4着以下
京都芝1800	5	5	3	22
京都芝2200	2	3	0	7

母父スペシャルウィーク●BADポイント

コース、条件	1着	2着	3着	4着以下
中京芝	2	9	5	38
ダート1枠時	4	11	11	121
ダ2400以上	0	1	2	17

収率は1000万下で110%、1600万下で102%、オープン特別で130%あります。

京都芝1800mの3着以内13回は9頭によるもの。また京都芝2200mの3着以内5回は4頭によるものです。

ダートでの期間内109勝のうち20勝は、単勝6番人気以下によるもので、ダートでは穴をあけるタイプ。

そしてダートの1枠は、枠別平均単勝人気がベストながら勝率が2・7%止まり。第2位の8枠が10・1%ですから、ほぼ近い能力の馬が走っているのに、勝率に大きな開きがあります。

デピュティミニスター

ノーザンダンサー系

●母父としての特徴　ノーザンダンサー系の中でのデピュティミニスターは、自身がひとつの系統をつくれるほどの北米の大基幹種牡馬となっています。種牡馬としての影響力はもちろんですが、母の父として底力を伝えていて、この系統に属するフレンチデピュティ、オーサムアゲイン、デピュティコマンダー、ソルトレイク、ゴーストザッパーらは、いずれも母の父として黙って買いのレベルです。

●GOODポイント

芝1400m

●BADポイント

①芝の新馬戦
②芝の牝馬限定戦
③芝の中山、小倉
④ダート1150m以下

【補足事項】 ほとんど穴がなく、どの条件でも優秀な成績となるのですが、ダート資質が求められる芝1400mではやはり好成績で、3着以内11回は5頭でマーク。**単勝回収率300％、複勝回収率184％**あります。

芝では数少ないマイナスポイントは前述の通り。そもそも芝でも全110走で単勝回収率は104％あります。

ダートでは苦手がほとんどなく、不問ですが、唯一1150m以下というポイントでのみ苦手が出ています。

トワイニング

ミスタープロスペクター系

●母父としての特徴　母父として爆発力を伝えるのが特徴。種牡馬としても、古くは条件戦でのアナ

母父デピュティミニスター●GOODポイント

コース、条件	1着	2着	3着	4着以下
芝1400	5	1	5	39

母父デピュティミニスター●BADポイント

コース、条件	1着	2着	3着	4着以下
芝・新馬戦	5	0	5	34
芝・牝馬限定	3	1	2	10
中山芝	0	0	0	11
小倉芝	0	0	0	10
ダ1150以下	0	0	1	6

モリ、近いところではノンコノユメのように強力な追い込みを武器とする馬に見られるような、強靭な瞬発力を生んでいますが、それが母父としても継承できているのが強みです。

ただし、基本的に芝では1000万まで。ダートのほうが威力はあります。なお、「TWINING」（母が外国産や持ち込みだった馬の成績）はカウントしていません。

●GOODポイント

阪神ダート

●BADポイント

①芝1600万以上はヒモまで
②福島芝
③芝の重・不良馬場
④函館・札幌ダート
⑤ダート新馬戦はヒモまで

【補足事項】 阪神ダートでの3着以内12回は7頭によるものです。**単勝回収率403%**は12番人気の一発によるものが大きいのですが、3着以内で見ると6番人気以下が5回入っており、ヒモ穴傾向が強

母父トワイニング●GOODポイント

コース、条件	1着	2着	3着	4着以下
阪神ダート	4	5	3	25

母父トワイニング●BADポイント

コース、条件	1着	2着	3着	4着以下
芝1600万以上	0	0	4	15
福島芝	0	0	1	16
芝重・不良	0	0	1	14
函館・札幌ダート	1	0	0	11
ダート新馬戦	0	3	4	18

いことがわかります。

函館ダート、札幌ダートでの4着以下には、3番人気以内の人気馬が4回あります。また函館は場別平均単勝人気はトップであり、明らかに苦手傾向が出ています。

フォーティナイナー

ミスタープロスペクター系

●母父としての特徴　穴がほとんど見られない、素晴らしいブルードメアサイアーです。大きなBADポイントはかなり少ないですが、ところどころ勝てずに、ヒモ量産型になるところが見られるので要注意です。ここでは**ヒモ量産条件をBADポイント**として示しました。基本的には黙って買いのレベル。なお、「FORTYNINER」としての母父は、数が多いのでカウントしています。

●GOODポイント

①京都芝1800m

②配当面の妙味なら京都と阪神、中京の各ダート1800m

●BADポイント

①芝の牝馬限定戦

②芝のローカル場

③小倉と福島の芝1200m
④芝2200m以上
⑤新潟ダート1200m
⑥阪神ダート1400m

【補足事項】京都芝1800mの3着以内7回は6頭がマークしたもの。

芝のローカル場には中京を含んでいます。4大主場に比べると、勝率は4分の1の1・6%しかありません。

配当面で強調したコースについては、**京都ダート1800mは単勝回収率162%**あり、1番人気が勝ったことはありません。

阪神ダート1800mは単勝回収率134%。7勝中4勝は5番人気以下でのもの。中京ダート1800mは複勝回収率が142%あり、9番人気以下の馬が4回3着以内に入っていました。

フレンチデピュティ

ノーザンダンサー系

母父フォーティナイナー●GOODポイント

コース、条件	1着	2着	3着	4着以下
京都芝1800	3	0	4	9

母父フォーティナイナー●BADポイント

コース、条件	1着	2着	3着	4着以下
芝・牝馬限定戦	1	6	3	60
芝ローカル(中京含む)	6	21	19	254
小倉芝1200	1	1	0	35
福島芝1200	0	1	3	28
新潟ダ1200	0	0	6	41

●母父としての特徴　母父としての破壊力は現在のナンバーワンかもしれません。大半の状況で走るので、走らない数少ないポイントを押さえれば、かなり効率的に買えます。

なお、「FRENCH DEPUTY」としての母父（母が外国産や持ち込みだった馬の成績）も、数が多いのでカウントしています。

●GOODポイント

①札幌芝1800m
②京都芝内回り1400m
③京都芝2000m
④芝での父サンデー系種牡馬、とりわけハーツクライ
⑤ダートでの父キングカメハメハ

●BADポイント

①芝京都外回りで勝てない
②芝もダートも7歳以上はダメ
③中京芝1600m
④小倉と札幌のダート1000m

【補足事項】　札幌芝1800mの3着以内11回は9頭で

母父フレンチデピュティ●GOODポイント

コース、条件	1着	2着	3着	4着以下
札幌芝1800	4	4	3	12
京都芝・内1400	3	2	2	10
京都芝2000	6	3	5	22
芝・父ハーツクライ	16	14	17	93
ダート・父キングカメハメハ	15	9	11	71

母父フレンチデピュティ●BADポイント

コース、条件	1着	2着	3着	4着以下
7歳以上芝+ダート	0	0	2	70
中京芝1600	0	2	2	36
小倉ダ1000	0	1	1	20
札幌ダ1000	1	0	0	13

マーク。京都芝内回り1400mの3着以内7回は5頭によるものです。

京都芝2000mは複勝率38・9%、単勝回収率170%に達しています。

そもそも京都芝の外回りでは、勝率が4・3%止まり。内回りでは11・1%であり、かなり開きがあります。

芝の父ハーツクライとの相性はとてもよく、【16―14―17―93】で、全16勝は11頭でマーク。**単勝回収率164%、複勝回収率104%**。

また他のサンデー系種牡馬、ディープインパクトはもちろんですが、ステイゴールドとは複勝回収率129%、ゼンノロブロイとは複勝回収率118%をマークしています。

ダートでの父キングカメハメハの相性もとてもよく、【15―9―11―71】となっていて、15勝は8頭でマークしています。

マキャヴェリアン

ミスタープロスペクター系

●母父としての特徴　海外供用の大種牡馬。芝では期間内232走で複勝率32・8%、単勝回収率102%、複勝回収率112%。ダートでも236走で単勝回収率は107%あります。これまた黙って買いです。

芝では新馬戦だけが後述のように勝ち切れませんが、それ以外はどのクラスでも走ります。距離やコースは不問ですが、強いていえば3つのコースで割り引き。そして道悪は苦手としています。

●GOODポイント

BADポイント以外のすべて

●BADポイント

①芝新馬戦はヒモで買い
②中山芝1600m
③阪神芝2000m
④京都芝2200m
⑤芝の重・不良馬場
⑥東京ダート1400m
⑦京都ダート1800m
⑧阪神ダート1800m

【補足事項】 特にありません。

母父マキャヴェリアン●BADポイント

コース、条件	1着	2着	3着	4着以下
芝新馬戦	0	3	3	12
中山芝1600	0	0	0	7
阪神芝2000	0	0	0	7
京都芝2200	0	0	0	7
芝重・不良	1	1	1	13
東京ダ1400	0	0	1	18
京都ダ1800	0	0	1	12
阪神ダ1800	0	0	0	7

マヤノトップガン

ロベルト系

●母父としての特徴　母父馬として見かける機会はかなり少なくなりましたが、勝ち切れる馬はとても少ない代わりに、現状はヒモ穴としての利用価値が高いです。芝では1000万から下のクラスで、そしてダートでは後述の大きなBADポイントを除けば、馬券に入れておきたいです。

●GOODポイント

①福島ダート1700m
②中京ダート1400m

●BADポイント

①札幌芝
②小倉芝
③東京芝
④芝1200m以下
⑤中山ダート1800m
⑥中京ダート1800m
⑦ダート1900m以上

母父マヤノトップガン●GOODポイント

コース、条件	1着	2着	3着	4着以下
福島ダ1700	4	3	2	20
中京ダ1400	2	2	2	9

母父マヤノトップガン●BADポイント

コース、条件	1着	2着	3着	4着以下
芝1600万以上	0	0	1	72
札幌芝	0	0	0	16
小倉芝	0	0	0	24
東京芝	1	2	2	51
芝1200以下	1	8	4	94
中山ダ1800	0	0	1	22
中京ダ1800	0	0	0	15
ダート1900以上	0	0	0	12

【補足事項】 **福島ダート1700m**の3着以内9回は6頭でマークしたもの。そして**中京ダート1400m**の3着以内6回は4頭でマークしたもの。また芝1200m以下については、勝ち切れない点を強調する意味でBADとしています。ヒモなら使えます。

ラムタラ

ノーザンダンサー系

●母父としての特徴　下級条件で芝・ダートを問わない「穴母父馬」となっています。芝の63回の連対のうち、25回は5番人気以下。ダートでの47連対中25回は、こちらも5番人気以下でのものでした。

●GOODポイント

①中山芝2000m

②芝連闘時

●BADポイント

①新馬戦（芝・ダートとも）

②芝の重賞

③中山ダート1800m

【補足事項】 中山芝2000mの3着以内7回は、4頭によるものです。このコースでは7番人気以下で3着以内になったことが3回あり、単勝回収率168%、複勝回収率108%。

また**芝の連闘**では、勝ったことはないのですが、**複勝回収率が230%**あり、人気薄の連闘で狙いとなるので、あえてGOODポイントとして挙げました。

母父ラムタラ●GOODポイント

コース、条件	1着	2着	3着	4着以下
中山芝2000	4	1	2	23
芝連闘	0	2	3	7

母父ラムタラ●BADポイント

コース、条件	1着	2着	3着	4着以下
芝重賞	0	0	0	24
芝新馬戦	0	2	1	23
ダート新馬戦	0	3	0	21
中山ダ1800	0	1	0	44

秘宝館 6

夏競馬から始まるアツイ戦い

新種牡馬&2歳戦攻略!

グランプリボス

ケープブランコ

ジャスタウェイ

ダノンバラード

ダンカーク

トーセンジョーダン

パドトロワ

ベルシャザール

グランプリボス

父プリンスリーギフト系サクラバクシンオー／母父サンデーサイレンス（ヘイロー系）

●現役時の主な勝ち鞍／NHKマイルC、朝日杯FS、マイラーズC、スワンS他。安田記念2着2回、マイルCS2着。

●ひとこと／早熟かと思わせた現役時でしたが、ムラな成績を続けながら大舞台で復活し、6歳まで長く走りました。香港マイルでも3着に入っていて、爆発力のある走りを見せました。

母父ミスプロ系との相性に注目したい

●水上分析／後継種牡馬が、ショウナンカンプくらいしかいないサクラバクシンオーにとって、おそらく最後の期待がかかる種牡馬です。日高繋養で初年度123頭の交配を集めていて、日高からも期待を寄せられていることがわかります。

ただ、自身が母父にサンデーサイレンスを持っているので、

グランプリボス●三代血統表

サクラバクシンオー 1989年 鹿毛	サクラユタカオー 1982年 栗毛	テスコボーイ 1963年 黒鹿
		アンジエリカ 1970年 黒鹿
	サクラハゴロモ 1984年 鹿毛	ノーザンテースト 1971年 栗毛
		クリアアンバー 1967年 黒鹿
ロージーミスト 1997年 黒鹿	サンデーサイレンス 1986年 青鹿	Halo 1969年
		Wishing Well 1975年
	ビューティフルベーシック 1989年 栗毛	Secretariat 1970年
		Nervous Pillow 1975年

サンデー直仔の牝馬とは交配できないのはひとつのネック。おそらく、ミスプロ系との相性がよいかどうかで運命が決まってくるのではないでしょうか。

サクラバクシンオー産駒は、意外とマイルで好成績ということは一部で知られていて、この馬もその例でしたが、おそらくグランプリボスの仔も同じような傾向になると見ます。

コンスタントに勝ち馬を出すかどうかは別にして、走る産駒と走らない産駒が極端になりそう。血統背景はパワータイプなので、ダートもこなせるでしょう。

芝＝ダート　道悪…芝○／ダート○
仕上がりの早さ…◎　距離…１４００〜１６００ｍ

ケープブランコ

父サドラーズウェルズ系ガリレオ／母父プレシディウム（ボールドルーラー系）

●現役時の主な勝ち鞍／愛ダービー、アーリントンミリオン他。

●ひとこと／キングジョージではハービンジャーの2着。ドバイWCではヴィクトワールピサの4着。2011年、北米芝の牡馬チャンピオンとなっています。北米、シャトルでオセアニアで供用された後に輸入されて、日高で繋養されています。

日本の芝は微妙で……ダート中距離路線に落ち着く?

●**水上分析**/フランケル、ニューアプローチなど、サドラーズウェルズ系のガリレオのラインは、種牡馬として成功を収めつつあるので、この馬には期待が寄せられていました。

ところが、北米、オセアニアの種牡馬成績が残念ながらかなり低調。その結果を見てか、日本での初年度132頭の種付けが、2年目には3分の1の47頭にまで落ち込んでしまいました。

これをハネ返すには、日本での産駒が走ること以外に手はありません。ただ、この馬の場合は、母方の血統もかなり地味でスピードがまったくなく、日本の芝でどうなるかはかなり微妙といわざるを得ません。

むしろ、スピードを問われないダート中距離で活路を開く可能性がありますが、そうしたタイプの種牡馬は、JRAでは厳しいのが現状です。

芝∧ダート　道悪…芝◎/ダート△

仕上がりの早さ…△　距離…中距離

ケープブランコ●三代血統表

Galileo 1998年	Sadler's Wells 1981年	Northern Dancer 1961年
		Fairy Bridge 1975年
	Urban Sea 1989年	Miswaki 1978年
		Allegretta 1978年
Laurel Delight 1990年	Presidium 1982年	General Assembly 1976年
		Doubly Sure 1971年
	Foudroyer 1980年	Artaius 1974年
		Foudre 1975年

ジャスタウェイ

父ヘイロー系ハーツクライ／母父ワイルドアゲイン（ニアークティック系）

●**現役時の主な勝ち鞍**／ドバイDF、天皇賞秋、安田記念、中山記念他。ジャパンC2着。

●**ひとこと**／天皇賞秋はジェンティルドンナに4馬身差をつけ、ドバイDFでは6馬身半差をつける圧勝。これにより世界レーティングは断トツの1位となりました。

世界レーティング1位の血に期待大

●**水上分析**／初年度は220頭に交配。受胎率がやや低かったからか、2年目が少しダウンしています。

ただ、パフォーマンスの高さは種牡馬として魅力的なのは間違いないところ。今後もコンスタントに配合相手を集め、ハーツクライの後継として、いち早く地位を確立するのではないでしょうか。

ひとつ懸念があるとすれば、意外と晩成型ではないかという

ジャスタウェイ●三代血統表

ハーツクライ 2001年　鹿毛	サンデーサイレンス 1986年　青鹿	Halo 1969年
		Wishing Well 1975年
	アイリッシュダンス 1990年　鹿毛	トニービン 1983年　鹿毛
		ビユーパーダンス 1983年　黒鹿
シビル 1999年　鹿毛	Wild Again 1980年	Icecapade 1969年
		Bushel-n-Peck 1958年
	シャロン 1987年　栗毛	Mo Exception 1981年
		Double Wiggle 1978年

こと。

自身はアーリントンCを勝ちましたが、その後スランプが続き、本格化は4歳春以降だったことから、産駒も2歳戦からバリバリとはならない気がします。その場合に、促成に価値が置かれている今の種牡馬ビジネスがどう判断するか。しっかり評価できるといいのですが……。

なお産駒は、芝・ダートどちらにも適性を示すと思います。距離はマイル以上でしょう。

芝=ダート　道悪…芝△／ダート○
仕上がりの早さ…△　距離…1600〜2400m

ダノンバラード

父ヘイロー系ディープインパクト／母父アンブライドルド（ミスプロ系）

●現役時の主な勝ち鞍／AJCC、ラジオNIKKEI杯2歳S他。宝塚記念2着。

●ひとこと／ディープインパクト産駒初の重賞勝ちはこの馬でした。2歳時から高齢までコンスタントに走り続け、大きな波（スランプ）もないという優秀さ。距離適性の幅も広く、初年度からこうした名脇役的な一流馬を出せたのが、ディープインパクトの種牡馬能力の高さだと思います。

近親にシングスピール、ダノンシャンティ、ヴィルシーナ、シュヴァルグランらがいる名門。

日高SSで種牡馬入りしましたが、閉鎖のためにレックスSへ移動、その後ディープ産駒を種牡馬として購入する目的のトルコの生産者に買われて、イタリアで供用。翌年はイギリスへ転出しています。

これはむしろ、名門牝系であるバラードの系統であることが評価されてのことであり、決して流転の不幸な馬生というわけではありません。

2世代のみだが、意外とヤレそう！

●水上分析／日本で2世代、53頭にしか種付けされなかったのは残念。かなりレベルが高い血統で、もし日本で供用されていれば面白い存在になり、日高の活性化につながったと思うのですが……。

母レディバラードがダートでも活躍したので、産駒は芝・ダート兼用、距離も1400mあたりからならこなせるでしょうし、また2歳時から走れる仕上がり早でもあるでしょう。

芝＝ダート　道悪…芝△／ダート○

ダノンバラード●三代血統表

ディープインパクト 2002年　鹿毛	サンデーサイレンス 1986年　青鹿	Halo 1969年
		Wishing Well 1975年
	ウインドインハーヘア 1991年　鹿毛	Alzao 1980年
		Burghclere 1977年
レディバラード 1997年　黒鹿	Unbridled 1987年	Fappiano 1977年
		Gana Facil 1981年
	Angelic Song 1988年	Halo 1969年
		Ballade 1972年

仕上がりの早さ…◎　距離…1400〜2000m

ダンカーク

父ミスプロ系アンブライドルズソング／母父エーピーインディ（ボールドルーラー系）

●**現役時の主な勝ち鞍**／特になし。ベルモントS2着。

●**ひとこと**／2013年に北米で初年度産駒がデビュー。いきなり北米新種牡馬リーディングの座に就きました。シャトル先のチリでも2歳GI馬を出しています。日本では準オープンまで上がったフォンタネットポーが走っています。

2歳、ダート短距離でかなりイケル

●**水上分析**／アンブライドルズソング系初の日本供用種牡馬として、初年度から150頭の交配を集めました。

ただ、やはりクラシックが期待できない血統というのはネッ

ダンカーク●三代血統表

Unbridled's Song 1993年　芦毛	Unbridled 1987年	Fappiano 1977年
		Gana Facil 1981年
	Trolley Song 1983年	Caro 1967年
		Lucky Spell 1971年
Secret Status 1997年	A.P. Indy 1989年	Seattle Slew 1974年
		Weekend Surprise 1980年
	Private Status 1991年	Alydar 1975年
		Miss Eva 1977年

クで、早期回収やダートに振り切れるオーナーならともかく、交配数は2年目からジリ貧になっています。

それでも間違いなく仕上がり早、ダート短距離でガンガン走る産駒をコンスタントに出すと思われます。イメージでいうと、サウスヴィグラス的なタイプ？　重賞級は難しいかもしれませんが、馬券的にはかなりありがたい種牡馬になるはずです。

芝＾ダート　道悪…芝△／ダート◎
仕上がりの早さ…◎　距離…1200〜1600m

トーセンジョーダン

父グレイソヴリン系ジャングルポケット／母父ノーザンテースト（ノーザンダンサー系）

●現役時の主な勝ち鞍／天皇賞秋、アルゼンチン共和国杯、札幌記念他。ジャパンC2着、天皇賞春2着。

●ひとこと／とにかく高速馬場に強いという印象で、速い馬場で切れ味を出すのが真骨頂でした。天皇賞秋での1分56秒1の大レコードはおそらく不滅ではないでしょうか。近親にカンパニー、弟にトーセンホマレボシらがいる良血。

非社台の星？　初年度産駒から重賞勝ちも

●**水上分析**／この馬はサンデーの血を持たないので、サンデー系牝馬すべてと配合できるという大利点を活かすことができれば、思わぬ？　成功もあり得ると見ます。

完成したのは古馬でしたが、２歳冬にも高いパフォーマンスは見せており、それほど仕上がり難というわけではないでしょう。

芝ならコースはオールマイティ。初年度から重賞勝ち馬を出す可能性もあります。日高を支える１頭になれるかどうか、期待したいところです。

芝∨ダート　道悪…芝○／ダート△

仕上がりの早さ…○　距離…1600m以上

トーセンジョーダン●三代血統表

ジャングルポケット 1998年　鹿毛	トニービン 1983年　鹿毛	Kampala 1976年
		Severn Bridge 1965年
	ダンスチャーマー 1990年　黒鹿	Nureyev 1977年
		Skillful Joy 1979年
エヴリウィスパー 1997年　栗毛	ノーザンテースト 1971年　栗毛	Northern Dancer 1961年
		Lady Victoria 1962年
	クラフテイワイフ 1985年　栗毛	Crafty Prospector 1979年
		Wife Mistress 1979年

パドトロワ

父ミスプロ系スウェプトオーヴァーボード／母父フジキセキ（ヘイロー系）

●現役時の主な勝ち鞍／キーンランドC、函館スプリントS他。スプリンターズS2着。

●ひとこと／競走成績のわりには50頭前後の配合をコンスタントに集めているのは、レッドファルクスの活躍などで注目されて、種付け料が高騰している父スウェプトオーヴァーボードの代用としての評価でしょう。

レッドファルクス同様、スプリント路線で

●水上分析／2歳からコンスタントに走り、6歳で函館スプリントSを勝ってからが一気に不振となり、二ケタ着順を重ねたまま引退しました。

早熟というわけではないと思いますが、その前の年にサマーチャンピオン（スプリント）を獲るために、きついローテーションになった反動が出たのではないかと思います。

仕上がりは早いですが、種牡馬として大物を出す可能性はあまり感じません。個性的な下級条件馬を量産するタイプと思います。

パドトロワ●三代血統表

スウェプト オーヴァーボード 1997年　芦毛	End Sweep 1991年	Forty Niner 1985年
		Broom Dance 1979年
	Sheer Ice 1982年	Cutlass 1970年
		Hey Dolly A. 1974年
グランパドドゥ 1997年　鹿毛	フジキセキ 1992年　青鹿	サンデーサイレンス 1986年　青鹿
		ミルレーサー 1983年　鹿毛
	スターバレリーナ 1990年　鹿毛	Risen Star 1985年
		ベリアーニ 1985年　鹿毛

芝＝ダート　道悪…芝△／ダート○
仕上がりの早さ…○　距離…1400m以下

ベルシャザール

父ミスプロ系キングカメハメハ／母父サンデーサイレンス（ヘイロー系）

●**現役時の主な勝ち鞍**／ジャパンCダート、武蔵野S。

●**ひとこと**／当初は芝で活躍し、ダービー3着、スプリングS2着で、オープン特別のホープフルS勝ちがあるという、堂々たるクラシック戦線上位組の1頭でした。

ダートへ転じたのは、度重なるケガから復帰した5歳初夏で、いきなり3着。そこからは軽いダートで頂点に昇っていくことになります。

きついなあ……サンデー系、キングマンボ系牝馬がアウト

●**水上分析**／初年度交配163頭は、社台SS繋養時なので当然として、2年目から日高へ移動しても145頭の交配を集めたのは、紛れもなくキングカメハメハの後継として日高に君臨する期待をされているからでしょう。

ダートのパフォーマンスはもちろんですが、クラシック戦線を賑わせたことも支持の大きな理由のはず。

ただ、同じキングカメハメハ産駒種牡馬のルーラーシップやロードカナロアとは違い、サンデー系牝馬を付けられないのは大きな不利です。またミスプロ系でも、隆盛しているキングマンボのラインとは付けられないので、これもきついところ。

フォーティナイナー、アフリートなど他のミスプロ系ライン、あるいはノーザンダンサー系との相性がどうなるかにかかってきます。

個人的には中級クラスをコンスタントに出すタイプになると見ます。

芝＝ダート　道悪…芝○／ダート◎

仕上がりの早さ…◎　距離…2000m以下

ベルシャザール●三代血統表

キングカメハメハ 2001年　鹿毛	Kingmambo 1990年	Mr. Prospector 1970年
		Miesque 1984年
	マンファス 1991年　黒鹿	Last Tycoon 1983年
		Pilot Bird 1983年
マルカキャンディ 1996年　青鹿	サンデーサイレンス 1986年　青鹿	Halo 1969年
		Wishing Well 1975年
	ジーナロマンティカ 1988年　鹿毛	Secreto 1981年
		Waya 1969年

■2018年度　その他の新種牡馬

●**ヘイロー系**…サダムパテック（父フジキセキ）、**トーセンラー、メジロダイボサツ**（ともに父ディープインパクト）、**ザサンデーフサイチ**（父ダンスインザダーク）、**セレン**（父マーベラスサンデー）、**デスペラード**（父ネオユニヴァース）、**レッドスパーダ**（父タイキシャトル）、**カゼノグッドボーイ**（父マジェスティック）、**カフェラピード、ファーガソン**（ともに父マンハッタンカフェ）。

●**ロベルト系**…クレスコグランド、**スマイルジャック**（ともに父タニノギムレット）、**サンカルロ**（父シンボリクリスエス）、バーディバーディ（父ブライアンズタイム）。

●**ミスプロ系**…オネストジョン（父エイシンダンカーク）、**シビルウォー**（父ウォーエンブレム）、**セレスハント**（父コロナドズクエスト）、**トウザグローリー**（父キングカメハメハ）、**ブリーズブレイバー**（父フォーティナイナー）。

●**ストームバード系**…アンパサンド（父フィガロ）、**エーシンスピーダー**（父ジャイアンツコーズウェイ）。

●**ダンチヒ系**…タガノロックオン（父ロックオブジブラルタル）。

●**サドラーズウェルズ系**…ヴィットリオドーロ（父メダグリアドーロ）。

●**ヘロド系**…ギンザグリングラス（父メジロマックィーン）。

オイシイ！ 2歳戦攻略集中講座

続いては、2歳戦に特化した種牡馬データをいくつか紹介します。

注目を集めながらも、馬券勝負をしづらい**新馬戦**、2歳戦の中では地味な**未勝利戦**、そして早熟傾向が問われる**オープン**、**重賞**と、クラスを分けての種牡馬成績。

さらに、新世代のデビュー時期でとかくクローズアップされるとともに、波乱になるケースも多い、**夏競馬**に特化した2歳戦全般の種牡馬成績。

これまであまり出されていないデータをここで分析することにします。

なお、もう2歳馬として産駒をデビューさせることのない種牡馬は除外しています。

①新馬戦限定の種牡馬成績

まずは芝。勝率、連対率、複勝率に分けたベスト5で、出走数が期間内に50回以上の種牡馬としています（表1）。

表1●2歳新馬【芝】

勝率ベスト5

ディープインパクト	25.5
ロードカナロア	17.1
ダイワメジャー	14.0
キングカメハメハ	14.0
マンハッタンカフェ	13.9

連対率ベスト5

ディープインパクト	45.5
ダイワメジャー	29.3
ロードカナロア	29.3
ノヴェリスト	27.8
キングカメハメハ	27.4

複勝率ベスト5

ディープインパクト	55.3
ロードカナロア	41.5
ダイワメジャー	41.3
ノヴェリスト	38.9
キングカメハメハ	35.7

ディープインパクト、ロードカナロア、ダイワメジャーが御三家。

意外な注目は、勝率で5位に入っている**マンハッタンカフェ**。3番人気以内の馬が堅実に走ります。徐々に成績を落としていますが、新馬戦でダイワメジャーに迫る勝率があるとは思いませんでした。

また、勝てないまでも馬券になる率が意外と高いのは**ノヴェリスト**。仕上がりがかかる印象があったので、これも思いもしなかった数字。出走数が違うとはいえ、連対・複勝率でキングカメハメハの上にくるとは驚きです。

続いてダート。こちらは2歳でのレース数が少ないので、勝ち鞍順の上位3位までを出し、その下に高率の注目すべき種牡馬を出しています（表2）。

シニスターミニスターの勝ち切り傾向の強さに注目。そして見かけたら必ず買っておくべきレベルは高率の3頭。**ダイワメジャー**は芝のみならずダートでも安定。まさに2歳新馬の王者たる種牡馬といえます。

表2●2歳新馬【ダート】勝ち鞍ベスト3&注目種牡馬

種牡馬	1着	2着	3着	4着以下	勝率	連対率	複勝率
ゴールドアリュール	14	14	18	79	11.2	22.4	36.8
シニスターミニスター	10	5	2	36	18.9	28.3	32.1
クロフネ	8	7	3	44	12.9	24.2	29.0
パイロ	6	6	4	33	12.2	24.5	32.7
ヘニーヒューズ	5	5	7	20	13.5	27.0	45.9
ハードスパン	5	3	3	12	21.7	34.8	47.8
ダイワメジャー	4	6	0	14	16.7	41.7	41.7

②未勝利戦限定の種牡馬成績

ここでは期間内に100回以上、産駒が未勝利戦に出走している種牡馬を対象とします。

新馬戦同様、芝は各率のベスト5を出しています（表3）。

ディープインパクトは2歳未勝利戦でも、新馬戦に匹敵する勝率を挙げていますが、面白いのは単勝回収率が105％あること。新馬戦で負けたディープ産駒は、次走で圧倒的な人気を集めるということには、意外になっていないということでしょうか。

そして**ヴィクトワールピサ**が上位に入ってきます。明らかに新馬より未勝利戦向き。ハーツクライもランクインしてきます。

なお**ロードカナロア**は、出走回数が73回なので対象外だっただけで、勝率はディープインパクトと同じ21・9％ありました。

連対率でもヴィクトワールピサが2位をキープ。そしてダイワメジャーが上がってきます。

複勝率になると、ダイワメジャーはさら

表3●2歳未勝利【芝】

勝率ベスト5

ディープインパクト	21.9
ヴィクトワールピサ	16.0
キングカメハメハ	14.5
ハーツクライ	13.2
ダイワメジャー	13.1

連対率ベスト5

ディープインパクト	40.3
ヴィクトワールピサ	28.0
ダイワメジャー	24.7
ハーツクライ	24.4
キングカメハメハ	23.1

複勝率ベスト5

ディープインパクト	56.2
ダイワメジャー	38.2
ヴィクトワールピサ	35.2
ハーツクライ	34.1
キングカメハメハ	31.6

に率を上げて第2位。未勝利戦でも勝てないわけではないですが、どちらかというとヒモ傾向が強まることになります。

なおロードカナロアは複勝率で42・5%。そして地味ながら率が高かった種牡馬としては、ドリームジャーニーが34・2%、ローエングリンが31・4%ありました。

続いてダートの未勝利戦です（表4）。

芝ほど集中せずに、どの率も数字が低めとなりますが、勝ち鞍で見るとゴールドアリュール、エンパイアメーカー、サウスヴィグラスとなります。

ただ馬券という意味では、その下の、高率種牡馬のほうが役立つでしょう。

ダイワメジャー、ヘニーヒューズ、キングカメハメハは複勝率がほぼ4割。また**トーセンブライト**は3着以内10回を6頭の産駒でマーク、**トランセンド**は3着以内10回を7頭の産駒でマークしています。

表4●2歳未勝利【ダート】勝ち鞍ベスト3&注目種牡馬

種牡馬	1着	2着	3着	4着以下	勝率	連対率	複勝率
ゴールドアリュール	21	12	15	105	13.7	21.6	31.4
エンパイアメーカー	17	12	13	91	12.8	21.8	31.6
サウスヴィグラス	16	14	9	99	11.6	21.7	28.3
ダイワメジャー	14	13	15	65	13.1	25.2	39.3
ヘニーヒューズ	13	10	8	47	16.7	29.5	39.7
キングカメハメハ	8	6	8	32	14.8	25.9	40.7
トーセンブライト	2	4	4	13	8.7	26.1	43.5
トランセンド	3	3	4	17	11.1	22.2	37.0

③2歳オープン特別、重賞限定の種牡馬成績

この条件のダート戦は中央では組まれていないので、芝だけの成績となります。そして率が分散していくので、ここは勝ち鞍順のベスト5を出しています（表5）。

ディープインパクトが1位なのは納得なのですが、面白いのは**キンシャサノキセキ**が急激に上がってくること。新馬戦や未勝利戦のランキングでは不在だったので、これは要チェックです。ダイワメジャーは勝利数が意外と少なくなるので勝率もかなり落ち、ヒモ量産になります。

そして**キングカメハメハ**は、オープン馬の出走回数はかなり少ないものの、出走があれば堅実に上位に来るタイプが多いことがわかります。裏を返せば、早い時期に完成するタイプの産駒がとても少ないことを意味します。

下段には参考として、勝ち切れない種牡馬を並べてみました。2歳のうちに、レベルの高いところで戦うのは苦しいといった面々で

表5●2歳OP&重賞【芝】勝ち鞍ベスト5&注目種牡馬

種牡馬	1着	2着	3着	4着以下	勝率	連対率	複勝率
ディープインパクト	10	5	8	24	21.3	31.9	48.9
キンシャサノキセキ	6	9	4	30	12.2	30.6	38.8
ダイワメジャー	5	7	13	41	7.6	18.2	37.9
ハーツクライ	5	5	2	21	15.2	30.3	36.4
キングカメハメハ	4	3	2	9	22.2	38.9	50.0
ステイゴールド	1	4	4	20	3.4	17.2	31.0
マツリダゴッホ	1	5	2	10	5.6	33.3	44.4
スクリーンヒーロー	1	3	0	14	5.6	22.2	22.2
ヴィクトワールピサ	0	1	1	11	0	7.7	15.4

す。もちろん例外はありますが……。

④夏競馬限定の種牡馬成績

最後は2歳戦前半、つまり6月のスタートから夏競馬が終了するまでの種牡馬成績です。大物産駒が秋にデビューしてくる前の、早期にデビューしてひと稼ぎしておこうというケースが多いです。勝ち鞍順ベスト5と、注目種牡馬を紹介します（表6）。

まず芝。勝率1位はディープインパクトなのですが、勝利数で見ると**ダイワメジャー**が圧倒的となります。複勝率は、ともに5割を超えます。そして**キンシャサノキセキ**も、仕上がりの早さを象徴する勝ち鞍を挙げているといっていいでしょう。

晩成型の**ステイゴールド**も意外と好成績で、複勝率は40％台に達しています。これはマイネル軍団の所有となる馬が多く、早期の仕上げを施されてくるからでしょうか。

なお**ノヴェリスト**は、クラシック候補が出てくる前に成績を上げる典型的な例の1頭といえるかもしれません。

表6●2歳6月～夏競馬【芝】勝ち鞍ベスト5＆注目種牡馬

種牡馬	1着	2着	3着	4着以下	勝率	連対率	複勝率
ダイワメジャー	39	35	37	111	17.6	33.3	50.0
ディープインパクト	24	24	8	37	25.8	51.6	60.2
キンシャサノキセキ	19	15	14	102	12.7	22.7	32.0
ハーツクライ	16	20	9	77	13.1	29.5	36.9
ステイゴールド	16	16	24	74	12.3	24.6	43.1
ルーラーシップ	14	12	14	60	14.0	26.0	40.0
ロードカナロア	8	8	10	28	14.8	29.6	48.1
ノヴェリスト	3	7	3	18	9.7	32.3	41.9

さらに夏競馬の、芝の新馬戦（表7）に限定すると、大体出てくる顔ぶれも順位も同じなのですが、**パイロ**が**ダイワメジャー**並みの勝率を挙げている点に注目です。パイロの2歳新馬戦における高率については注目ですが、夏競馬では芝レースこそ狙い目といっていいでしょう。

続いてダートですが、こちらは夏までに組まれるレース数が少ないので、分散傾向にあります（表8）。

サウスヴィグラスは未勝利戦を中心とした成績。そしてヘニーヒューズやプリサイスエンドの安定ぶりが目につきます。なお新馬戦はほとんど組まれていないに等しいので省略します。

表7●2歳6月〜夏競馬【芝・新馬戦】勝ち鞍ベスト3&注目種牡馬

種牡馬	1着	2着	3着	4着以下	勝率	連対率	複勝率
ダイワメジャー	23	24	19	63	17.8	36.4	51.2
ディープインパクト	16	17	5	30	23.5	48.5	55.9
キンシャサノキセキ	10	6	9	52	13.0	20.8	32.5
ステイゴールド	8	6	15	40	11.6	20.3	42.0
パイロ	7	4	5	26	16.7	26.2	38.1
ロードカナロア	4	4	8	19	11.4	22.9	45.7
ノヴェリスト	2	5	1	12	10.0	35.0	40.0

表8●2歳6月〜夏競馬【ダート】勝ち鞍ベスト3&注目種牡馬

種牡馬	1着	2着	3着	4着以下	勝率	連対率	複勝率
サウスヴィグラス	7	8	3	44	11.3	24.2	29.0
シニスターミニスター	7	2	0	13	31.8	40.9	40.9
パイロ	5	3	8	26	11.9	19.0	38.1
ゴールドアリュール	3	3	5	20	9.7	19.4	35.5
ヘニーヒューズ	3	3	3	6	20.0	40.0	60.0
カネヒキリ	3	2	1	21	11.1	18.5	22.2
プリサイスエンド	2	3	4	14	8.7	21.7	39.1

◎2017年JRAブルードメアサイアー（母父賞金順・平地のみ）

順位	種牡馬	賞金合計	勝率	連対率	複勝率	単回値	複回値
1	サンデーサイレンス	509346万円	7.4%	14.3%	21.2%	91	71
2	フレンチデピュティ	199116万円	7.6%	16.0%	22.9%	88	76
3	フジキセキ	176524万円	7.7%	15.1%	23.2%	69	71
4	クロフネ	176248万円	9.2%	19.5%	27.4%	52	75
5	ブライアンズタイム	175454万円	7.7%	14.7%	21.3%	123	79
6	シンボリクリスエス	161483万円	7.3%	14.8%	21.5%	72	64
7	アグネスタキオン	156996万円	6.0%	13.6%	19.8%	50	64
8	ダンスインザダーク	151367万円	6.8%	14.5%	21.3%	51	75
9	サクラバクシンオー	144726万円	5.1%	11.0%	16.0%	59	65
10	スペシャルウィーク	137523万円	7.5%	14.3%	22.2%	107	79
11	キングカメハメハ	128174万円	10.2%	18.3%	26.3%	159	94
12	Storm Cat	102203万円	9.0%	17.5%	25.8%	50	78
13	トニービン	86001万円	5.2%	14.4%	23.1%	28	81
14	タイキシャトル	81514万円	5.7%	11.6%	17.0%	70	76
15	Machiavellian	77129万円	9.2%	16.2%	23.9%	133	116
16	アフリート	76014万円	8.0%	13.2%	18.6%	102	66
17	フォーティナイナー	71426万円	6.0%	13.4%	20.2%	59	72
18	ネオユニヴァース	65100万円	5.9%	14.7%	22.2%	58	75
19	Singspiel	64157万円	9.5%	19.1%	29.9%	148	115
20	ホワイトマズル	55084万円	5.4%	10.8%	16.5%	37	43
21	ディープインパクト	54592万円	8.6%	17.0%	26.2%	61	68
22	ジャングルポケット	54425万円	8.7%	15.0%	21.3%	203	102
23	マンハッタンカフェ	46929万円	6.1%	12.8%	17.4%	55	61
24	グラスワンダー	45981万円	5.2%	12.7%	17.5%	67	86
25	Unbridled's Song	45977万円	14.7%	20.7%	25.3%	178	59
26	Giant's Causeway	42698万円	11.3%	16.3%	24.0%	130	77
27	Kingmambo	40231万円	5.8%	12.2%	17.7%	30	49
28	エンドスウィープ	40149万円	8.0%	15.2%	22.1%	66	68
29	アグネスデジタル	39321万円	7.1%	12.0%	20.2%	57	65
30	Sadler's Wells	38814万円	6.4%	13.9%	23.6%	39	65

解説付き 主要系統図

注：この血統表は現在、中央競馬で出走がある種牡馬、父系からチョイスしたものです。通常、血統表では年長の馬を上に表記しますが、ここでは紙幅とレイアウトの関係上、そうなっていない箇所が多くあります。あしからずご了承ください。

ロベルト系
サーゲイロード系

サーゲイロードの系統は、昭和50年代は日本にも積極的に導入された時期がありましたが、現在はほとんど絶えてしまいました。オセアニアでは主流となっていて、来日するオーストラリア、ニュージーランド、あるいはそこで生産された香港馬などが日本で走る場合にお目にかかる程度です。

概してスピード血統であり、パワーには欠ける傾向があります。

日本でおなじみなのは、ヘイルトゥリーズンを経由した**ロベルト、ヘイローの系譜**となります。ロベルト系はパワーと持続力が持ち味で、一部にはタニノギムレットやレッドランサムの系統のような例外はありますが、中山や阪神のような坂のあるコースに強く、芝では時計のかかる馬場に強いです。

●ロベルト系の主な現役馬／ゴールドアクター（父スクリーンヒーロー・牡7）、**ウインオスカー**（父スクリーンヒーロー・牡5）、**ブラックスピネル**（父タニノギムレット・牡5）、**サンライズソア**（父シンボリクリスエス）、**ハイランドピーク**（父トーセンブライト・牡4）、**ホーリーブレイズ**（父フリオーソ・牡4）

ロベルト系・サーゲイロード系～ターントゥ①

- ターントゥ
  - サーゲイロード
    - サーアイヴァー
      - サートリストラム
        - ザビール
        - ロンロ
    - ハビタット
      - スティールハート
        - ニホンピロウイナー
          - ヤマニンゼファー
    - ロードゲイル
      - キャロルハウス
  - ヘイルトゥリーズン
    - ストップザミュージック
      - キュアザブルース
    - ロベルト
      - シルヴァーホーク
        - ベニーザディップ
        - グラスワンダー
          - アーネストリー
          - スクリーンヒーロー
        - ムタファーウエク
      - リアファン
      - サンシャインフォーエヴァー
      - リアルシャダイ
      - クリスエス
        - アーチ
          - アーチアーチアーチ
        - シンボリクリスエス
          - ストロングリターン
        - キッケンクリス
        - ロックハードテン
      - ブライアンズタイム
        - ナリタブライアン
        - マヤノトップガン
        - サニーブライアン
        - トーホウエンペラー
        - タニノギムレット
          - オウケンマジック
          - スマイルジャック
        - タイムパラドックス
        - ワイルドワンダー
        - トーセンブライト
        - フリオーソ
        - ヴィクトリー
      - レッドランサム
        - チャージフォワード
        - アポインテッドデイ
        - インティカブ
      - ダイナフォーマー
    - ヘイロー（ヘイロー系へ）

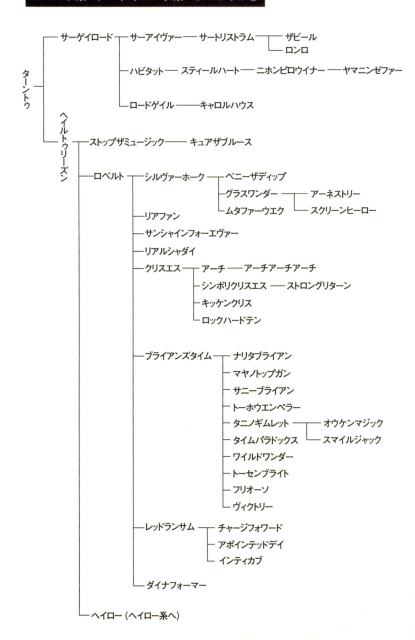

ヘイロー系

ヘイロー系というと、日本ではどうしてもサンデーサイレンスのイメージになりますが、海外のレンジで見ると、ダート短距離からマイル前後のパワー血統ということになります。

そして世界規模では傍系に近い血統であり、むしろ欧州から，この血を傍系のスパイス効果を求めて欲しがるケースが増えてきています。

サンデーサイレンスはあくまでレアケース。類稀なる瞬発力が武器であり、産駒にそのまま長所として遺伝しました。サンデーの長所を生かすための競馬＝スローペース症候群の始まりといっても過言ではないほどです。

ただ、サンデー第2世代は、種牡馬としては瞬発力一辺倒にはならず、ダンスインザダークやネオユニヴァース、ダイワメジャーなどの持続力に特化したタイプも出ています。

●ヘイロー系の主な現役GⅠ馬／サトノダイヤモンド（父ディープインパクト・牡5）、**マカヒキ**（父ディープインパクト・牡5）、**ウインブライト**（父ステイゴールド・牡4）、**ダノンプレミアム**（父ディープインパクト・牡3）、**ワグネリアン**（父ディープインパクト・牡3）、**レーヌミノル**（父ダイワメジャー・牝4）、**ラッキーライラック**（父オルフェーヴル・牝3）

ヘイロー系～ターントゥ②

- ターントゥ
  - ヘイルトゥリーズン
    - ヘイロー
      - デヴィルズバッグ
        - タイキシャトル
          - メイショウボーラー
        - ディアブロ
        - デヴィルヒズデュー
          - ロージズインメイ
      - ジョリーズヘイロー
      - サザンヘイロー
        - モアザンレディ
      - セイントバラード
        - セイントリアム
      - サンデーサイレンス
        - フジキセキ
          - ダイタクリーヴァ
          - カネヒキリ
          - キンシャサノキセキ
          - ダノンシャンティ
        - スペシャルウィーク
          - リーチザクラウン
        - ダンスインザダーク
          - ザッツザプレンティ
        - アグネスタキオン
          - ディープスカイ
          - アドマイヤオーラ
          - キャプテントゥーレ
        - ゴールドヘイロー
        - ステイゴールド
          - ドリームジャーニー
          - ナカヤマフェスタ
          - オルフェーヴル
        - スパイキュール
        - ヤマニンセラフィム
        - マンハッタンカフェ
          - ジョーカプチーノ
          - ヒルノダムール
        - ゴールドアリュール
          - エスポワールシチー
          - スマートファルコン
        - ブラックタキシード
        - スズカマンボ
        - サクラプレジデント
        - デュランダル
        - ゼンノロブロイ
        - ネオユニヴァース
          - トーセンファントム
          - アンライバルド
          - ロジユニヴァース
          - ヴィクトワールピサ
        - ダイワメジャー
        - ハーツクライ
          - ジャスタウェイ
        - オンファイア
        - ディープインパクト
          - ディープブリランテ
          - トーセンホマレボシ
          - トーセンラー
          - キモンノカシワ
          - スマートロビン
          - ダノンバラード
        - オレハマッテルゼ
        - アドマイヤマックス
        - アドマイヤジャパン
        - サムライハート
        - ブラックタイド
          - キタサンブラック
        - スズカフェニックス
        - スウィフトカレント
        - マツリダゴッホ

（サンデー産駒の他の種牡馬）

アグネスフライト
アッミラーレ
アドマイヤボス
ウインラディウス
エイシンサンディ
サイレントディール
サンライズペガサス
スリリングサンデー
タヤスツヨシ
ニューイングランド
ハイアーゲーム
ハットトリック
バブルガムフェロー
マルカシェンク
マーベラスサンデー
メイショウオウドウ

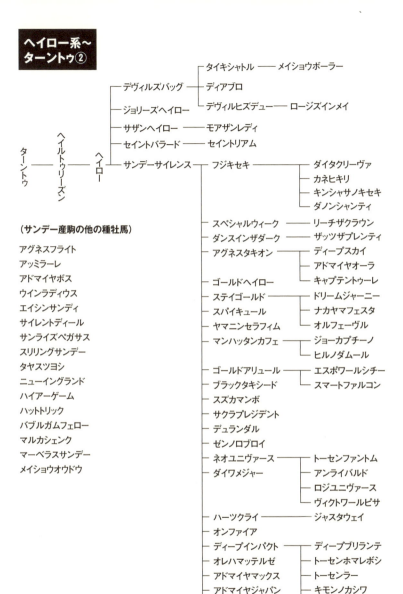

レイズアネイティヴ系
エタン系

ミスタープロスペクターへ続くラインは別にして、現在の日本競馬では直系の産駒はほとんど見られなくなっています。

母の父としてベーリング、ホーリング、アファームド、マライアズモンなどが散見される程度ですが、母の父としてのこれらの種牡馬は、配合相手には関係なく走る傾向があるので、見かけたら一考です。

●母父がレイズアネイティヴ系・エタン系の主な現役馬／**ダイトウキョウ**（母父モナルコス・牡6）、**メイソンジュニア**（母父アメリカンポスト・牡4）、**メイプルブラザー**（母父カコイーシーズ・牡4）、**サルサディオーネ**（母父リンドシェーバー・牝4）、**リスグラシュー**（母父アメリカンポスト・牝4）

レイズアネイティヴ系・エタン系〜ネイティヴダンサー

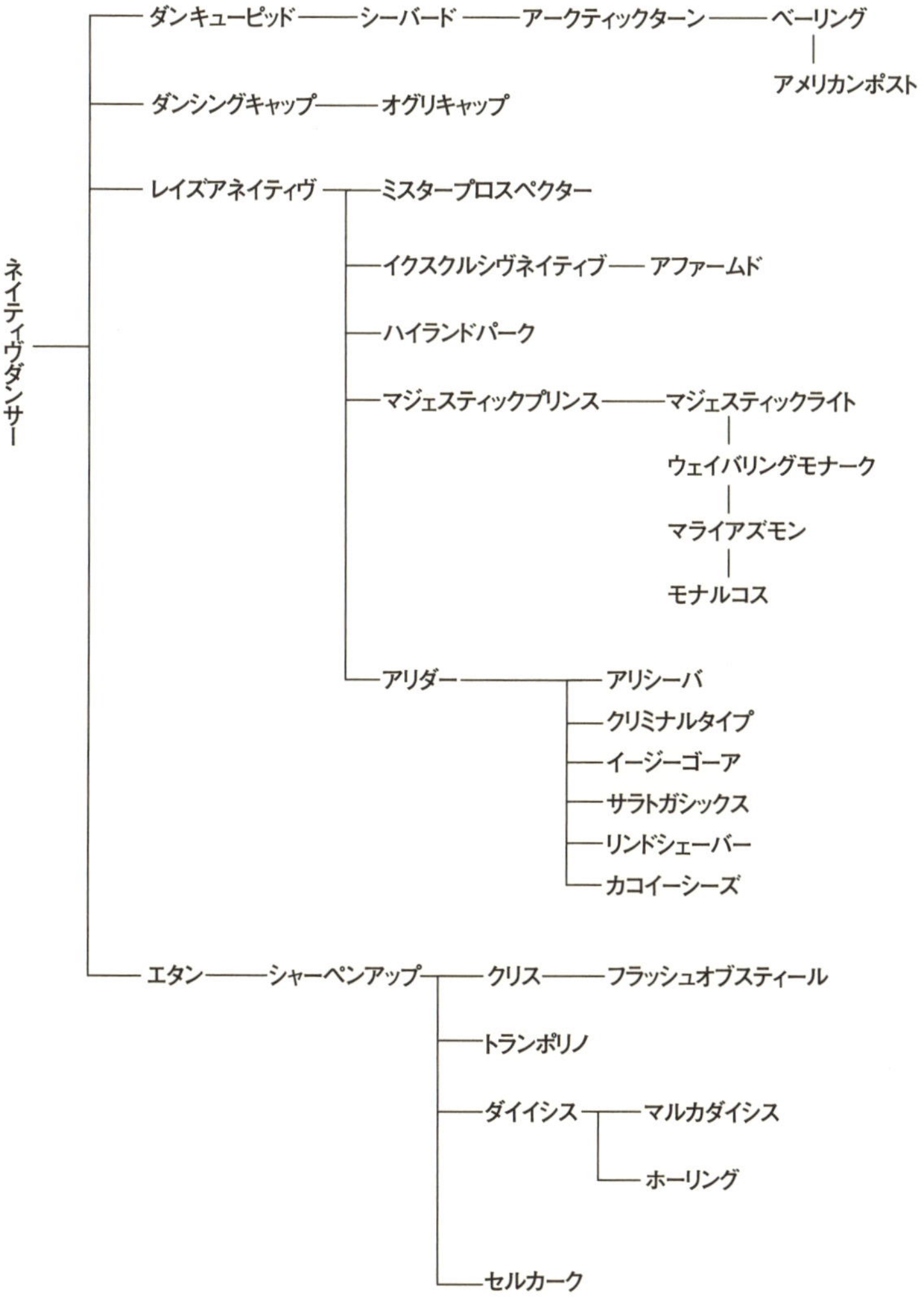

ミスプロ系

系統図P219～220

ミスプロ系は、世界のレンジで見ると、最も主流となっている父系です。ダートに特化していると思っている方も多いかもしれませんが、それはサウスヴィグラスあたりのごく一部の種牡馬にだけいえることで、芝兼用血統と考えるべきです。

特にキングマンボのラインは、欧州で繁栄してきたもので、芝適性は他のミスプロ系のラインより高いものがあります。

アンブライドルドの系統は父としては短距離向き、フォーティナイナーのラインは芝の場合は短距離向き、ゴーンウエストのラインはダートでは短距離向き、キングマンボのラインは芝もダートも万能型です。

●ミスプロ系の主な現役馬／レッドファルクス（父スウェプトオーヴァーボード・牡7）、**セイウンコウセイ**（父アドマイヤムーン・牡5）、**キセキ**（父ルーラーシップ・牡4）、**ブレスジャーニー**（父バトルプラン・牡4）、**レイデオロ**（父キングカメハメハ・牡4）、**ステルヴィオ**（父ロードカナロア・牡3）、**エテルナミノル**（父エンパイアメーカー・牝5）、**アーモンドアイ**（父ロードカナロア・牝3）、**リリーノーブル**（父ルーラーシップ・牝3）

ミスタープロスペクター系①

- ミスタープロスペクター
  - ファピアノ
    - クワイエットアメリカン
      - リアルクワイエット
    - アンブライドルド
      - アンブライドルズソング
        - オールドファッションド
        - ソングアンドアプレイヤー
        - ハーフアワーズ
        - ゼンセイショナル
        - ダンカーク
      - ブロークンヴァウ
      - エンパイアメーカー
        - パイオニアオブザナイル
        - バトルプラン
      - グラインドストーン
        - サマーストーン
          - サマーバード
    - クリプトクリアランス
    - ペンテリカス
    - ルビアノ
  - リズム
  - スキャン
  - プロシーダ
    - シャンハイ
      - オリオンザサンクス
  - アフリート
    - ノーザンアフリート
      - アフリートアレックス
    - スターリングローズ
    - ミリオンディスク
  - ニーヴァス
    - キンググローリアス
  - ジェイドロバリー
  - ジェイドハンター
  - フォーティナイナー
    - エンドスウィープ
      - プリサイスエンド
      - トリッピ
      - サウスヴィグラス
      - スウェプトオーヴァーボード
        - パドトロワ
      - アドマイヤムーン
    - コロナドズクエスト
    - トワイニング
      - クリストワイニング
    - ディストーテッドヒューモア
      - フォーティナイナーズサン
      - エニーギヴンサタデー
      - フラワーアレイ
        - アイルハヴアナザー
    - クーリンガー
    - マイネルセレクト
  - ユソネット
  - アワエンブレム
    - ウォーエンブレム
  - スマートストライク
    - カーリン
    - ブレイクランアウト

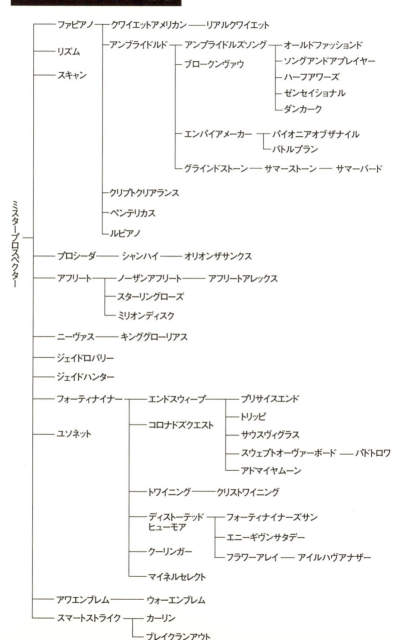

ミスタープロスペクター系②

- ミスタープロスペクター
  - ミスワキ
    - ミシル
    - ブラックタイアフェアー — ワシントンカラー
  - カーソンシティー
  - シーキングザゴールド
    - ドバイミレニアム — ドバウィ — モンテロッソ
    - マイネルラヴ
    - ロードアルティマ
  - マジックマイルズ
  - フサイチペガサス — ローマンルーラー
  - コンキスタドールシエロ
    - マーケトリー — スクワートルスクワート
    - ミシエロ
  - スキャターザゴールド
  - マキャヴェリアン
    - ストリートクライ — ストリートセンス
    - ストーミングホーム
    - メディチアン
  - ゴーンウエスト
    - スペイツタウン
    - ミスターグリーリー — エルコレドール
    - ザフォニック
      - ザール
      - ザカリヤ
    - グランドスラム
    - エルーシヴクオリティ — スマーティジョーンズ
    - ケイムホーム
    - フサイチレオン
  - アルデバラン
  - ガルチ
    - ネイエフ — タマユズ
    - サンダーガルチ
    - イーグルカフェ
  - クラフティプロスペクター — アグネスデジタル — ダイシンオレンジ
  - ウッドマン
    - ヘクタープロテクター
    - ティンバーカントリー — アドマイヤドン
    - スピードワールド
  - キングマンボ
    - エルコンドルパサー
      - ソングオブウインド
      - ヴァーミリアン
    - キングカメハメハ
      - ローズキングダム
      - ルーラーシップ
      - ロードカナロア
      - ペルシャザール
      - ドゥラメンテ
    - キングズベスト
      - ワークフォース
      - エイシンフラッシュ
    - ルールオブロー
    - レモンドロップキッド — アポロキングダム
    - アルカセット
    - ドバイディスティネーション
    - ヘンリーザナヴィゲーター

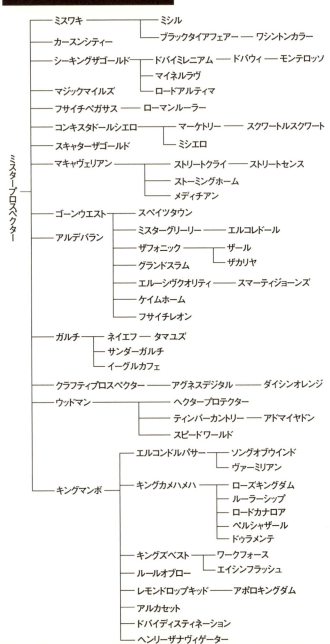

ノーザンダンサー系

〈ノーザンダンサー系①～フェアリーキング他のライン〉…系統図P225

ここでは、ノーザンダンサー系からフェアリーキングのラインと、枝葉を広げられていないマイナーのラインについて取り上げています。

フェアリーキングのラインは、瞬発力はかなり足りないのですが、パワーの持続という舞台なら光ります。ローカルの芝向き。

ノーザンテーストのラインは、かつて昭和40年代後半から50年代にかけて、日本のメインストリームを形成していました。今では母の父にメジロライアンやアンバーシャダイ、ギャロップダイナを見るくらいですが、これらは現在は中山適性が高く、また芝の道悪がとても得意です。

それ以外のマイナーラインのノーザンダンサー系は、欧州で長距離型を出すケースが増えています。ただしアサティスのラインはダートに特化。またラストタイクーンのラインは、オセアニアでも成功しています。近年ではサトノクラウンがここに属します。

●フェアリーキング系の主な現役馬／ジュンスパーヒカル（父ファルブラヴ・牡6）、**レッドリーガル**（父ファルブラヴ・牡6）、**シーズララバイ**（父ファルブラヴ・牝4）

〈ノーザンダンサー系②〜ニジンスキー、リファールのライン〉…系統図P226

この2つのラインは、直系の父系としては、今は衰退の一途といった感じです。ニジンスキー系は母の父としても、ラムタラやロイヤルアカデミーくらいしか目にする機会がなくなってきました。リファール系は、キングヘイロー、ローレルゲレイロ、アサクサキングスらがいるのでまだ直系を目にする機会はありますが、大物が出る気配はありません。

母の父として、スタミナとパワーを伝えているに留まっているのが現状です。

●ニジンスキー、リファール系の主な現役馬／キーグラウンド（父アサクサキングス・牡4）、**アイライン**（父ローレルゲレイロ・牝6）、**ダイメイプリンセス**（父キングヘイロー・牝5）

〈ノーザンダンサー系③〜ヌレイエフ、サドラーズウェルズのライン〉…系統図P227

サドラーズウェルズの叔父がヌレイエフという関係なので、この2つのラインを同じページに並べてみました。

古いヌレイエフの系統は日本では衰退し始めており、直系としてはピヴォタルの外国産産駒、そして断然多いのはダート短距離に特化したファスリエフくらいです。欧州血統と南米血統の融和した先駆けの例ではないでしょうか。

サドラーズウェルズのラインは世界で繁栄しており、お膝元の欧州のみならず北米、南米、オセアニア、南アフリカでも栄えています。日本ではメイショウサムソン、ローエングリン、話題のフランケルがおなじみ。

スピードよりパワーとなりますが、瞬発力に欠けるので、スローからの上がり勝負には向いていません。上がりがかかる展開や距離、コースでこそです。

●ヌレイエフ、サドラーズウェルズ系の主な現役馬／モズアスコット（父フランケル・牡4）、**フロンテアクイーン**（父メイショウサムソン・牝5）、**カラクレナイ**（父ローエングリン・牝4）、**ソウルスターリング**（父フランケル・牝4）

〈ノーザンダンサー系④～ダンチヒのライン〉…**系統図P228**

日本とオセアニアで特に栄えているラインです。概して距離はマイル以下がベター、そして圧倒的に芝向き。

ハードスパンのようなダート型、ハービンジャーやシーザスターズのような中距離タイプはむしろ例外的なイメージです。底力よりはスピードが武器。

●ダンチヒ系の主な現役馬／ペルシアンナイト（父ハービンジャー・牡４）、ディアドラ（父ハービンジャー・牝４）、モズカッチャン（父ハービンジャー・牝４）

〈ノーザンダンサー系⑤～ヴァイスリージェント、ストームバードのライン〉

…系統図Ｐ２２９

ヴァイスリージェントのラインは、今はデピュティミニスターの系統が北米で大繁栄しています。この系統はダートのイメージが強いですが、大物産駒は芝でこそという点が重要。フレンチデピュティもクロフネ産駒も、出世した馬の多くは芝です。あと、母の父としての利用価値が高い系統でもあります。

ストームバートの系統は、サドラーズウェルズと並んで現在はノーザンダンサー系の主流を形成しています。ジャイアンツコーズウェイのラインのみ、欧州で根付いた系統です。このラインを例外として、基本はダート。ただし、直系の父系というよりも、母の父として効果を増す種牡馬が増えていることが特徴となっています。

●ヴァイスリージェント、ストームバード系の主な現役馬／アクティブミノル（父スタチューオブリバティ・牡６）、ブラゾンドゥリス（父ノボジャック・牡６）、アエロリット（父クロフネ・牝４）

フェアリーキング系他～ノーザンダンサー①

- ノーザンダンサー
  - フェアリーキング
    - エリシオ
    - オース
    - シンコウキング
    - ファルブラヴ
  - ノーザンテースト
    - アンバーシャダイ ― メジロライアン ― メジロブライト
    - ダイナガリバー
    - ギャロップダイナ
  - ナイスダンサー
  - ノースフィールズ ― ノーパスノーセール
  - ノーザンディクテイター
  - ビーマイゲスト
    - アサート ― ダンスホール
    - ペンタイア
  - ファビュラスダンサー
  - ザミンストレル
    - プルラリズム
    - パレスミュージック
  - ヴァイスリーガル
  - トライマイベスト ― ラストタイクーン
    - マルジュ
    - ビッグストーン ― メイショウドトウ
    - オースミタイクーン
  - ナイトシフト
    - ダイムダイヤモンド ― タートルボウル
    - アザムール
  - トップサイダー
    - アサティス
      - ウイングアロー
      - スマートボーイ
    - デュラブ
  - エルグランセニョール ― ロドリゴデトリアーノ ― スーパーホーネット
  - ノーザンベイビー ― スリルショー
  - ワッスルタッチ
  - ディキシーランドバンド ― ディキシーユニオン
  - ニジンスキー ― (ノーザンダンサー②へ)
  - リファール ― (ノーザンダンサー②へ)
  - ヌレイエフ ― (ノーザンダンサー③へ)
  - ダンチヒ ― (ノーザンダンサー④へ)
  - サドラーズウェルズ ― (ノーザンダンサー③へ)
  - ヴァイスリージェント ― (ノーザンダンサー⑤へ)
  - ストームバード ― (ノーザンダンサー⑤へ)

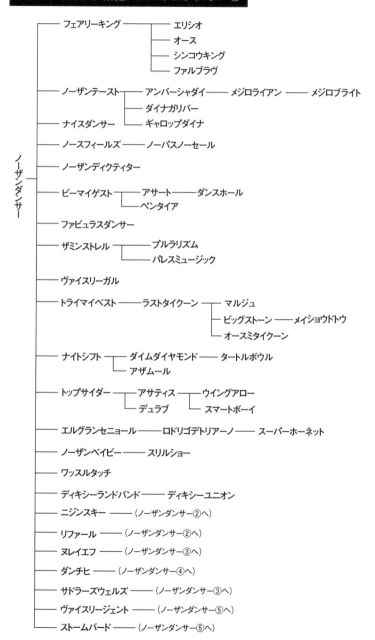

ニジンスキー系・リファール系～ノーザンダンサー②

- ノーザンダンサー
  - ニジンスキー
    - マルゼンスキー ── ホリスキー
    - ヤマニンスキー ── ヤエノムテキ
    - ロイヤルアカデミー ── ロイヤルスズカ
    - シアトルダンサー
    - ミュージックタイム
    - カーリアン
      - ジェネラス
      - テンビー
      - フサイチコンコルド ── バランスオブゲーム
      - マリエンバード
      - ゼンノエルシド
    - グリーンダンサー
      - ノーアテンション ── ボールドノースマン
      - エイシンプレストン
    - ナグルスキー ── ナリタハヤブサ
    - グランドオペラ ── メイセイオペラ
    - ウィスキーロード ── ストロベリーロード ── フレイズ
    - ラムタラ
  - リファール
    - ダンシングブレーヴ
      - コマンダーインチーフ
        - スエヒロコマンダー
        - ラスカルスズカ
      - ホワイトマズル
        - アサクサキングス
        - シルポート
      - キングヘイロー ── ローレルゲレイロ
    - モガミ
    - リィフォー
      - トロメオ ── ダイワテキサス
      - ニッポーテイオー
      - サンキリコ
    - ダハール
    - ベリファ ── メンデス ── リナミクス
    - ファーリー ── ルネンジョーン
    - リファーズウィッシュ
    - アルザオ
    - アルナスル ── ナスルエルアラブ

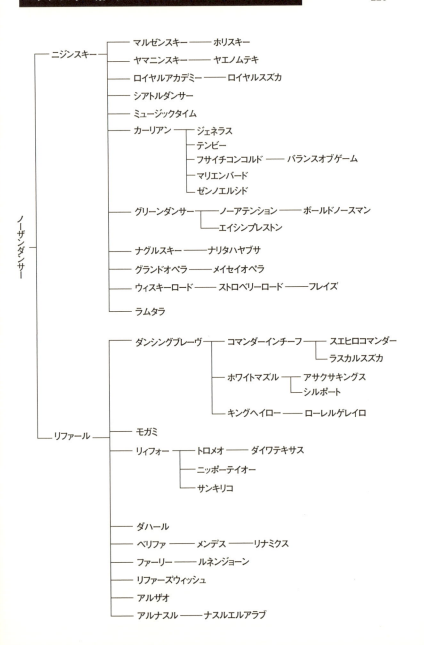

サドラーズウェルズ系・ヌレイエフ系～ノーザンダンサー③

- ノーザンダンサー
  - ヌレイエフ
    - フォティテン
    - シアトリカル
      - ジェリ
      - ザグレブ
    - ポーラーファルコン
      - ピヴォタル
    - ステートリードン
    - ジルザル
    - ソヴィエトスター
      - スターボロー
    - ストラヴィンスキー
    - スピニングワールド
      - シベリアンホーク
    - ハートレイク
    - アルワウーシュ
    - パントレセレブル
    - ブラックホーク
    - ファスリエフ
  - サドラーズウェルズ
    - フォートウッド
      - ホースチェスナット
    - インザウィングス
      - シングスピール
        - ムーンバラッド
        - ローエングリン
        - アサクサデンエン
    - カーネギー
    - ハンティングホーク
    - フレンチグローリー
    - キングオブキングス
    - オペラハウス
      - テイエムオペラオー
      - メイショウサムソン
      - シングンオペラ
    - ドリームウェル
    - ガリレオ
      - フランケル
      - ケープブランコ
    - バラシア
    - ハイチャパラル
    - エルプラド
      - キトゥンズジョイ
      - メダグリアドーロ
        - ウォリアーズリワード
    - モンジュー
      - モチヴェイター
      - オーソライズド
      - ハリケーンラン
        - ロッコウオロシ

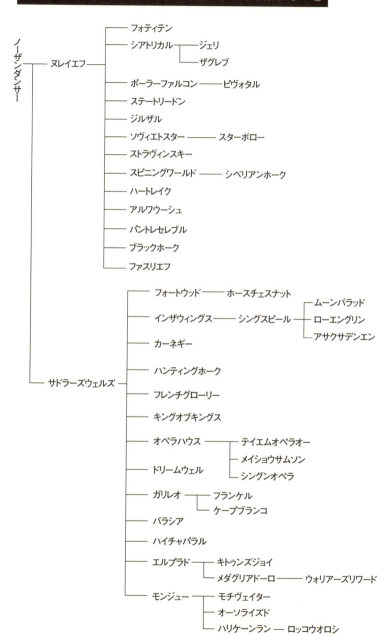

- ノーザンダンサー
  - ダンチヒ(ダンジグ)
    - チーフズクラウン
      - グランドロッジ
        - グランデラ
        - シンダー
      - エルハーブ
      - チーフベアハート
        - チェリークラウン
        - ビービーガルダン
      - キーオブラック
        - アラムシャー
      - コンチェルト
        - ベラミーロード
          - トビーズコーナー
    - ラングフール
    - アナバー
    - ポリッシュパトリオット
    - ポリッシュプレジデント
      - ピルサドスキー
    - ポリッシュネイビー
    - ディジュール
    - ダンジグコネクション
    - オナーグレイズ
    - バウンダリー
    - デインヒル
      - ダンシリ
        - ハービンジャー
      - デインヒルダンサー
      - リダウツチョイス
        - スニッツェル
      - デザートキング
      - フライングスパー
      - ロックオブジブラルタル
      - エアスマップ
      - コマンズ
      - イクスチェンジレイト
      - イクシードアンドエクセル
      - ファストネットロック
    - ウォーチャント
    - グリーンデザート
      - デザートストーリー
      - ケープクロス
        - シーザスターズ
        - ベーカバド
      - デザートプリンス
      - インヴィンシブルスピリット
        - メイソン
      - オアシスドリーム
    - ハードスパン
    - シャーディー
    - アジュディケーティング
      - アジュディミツオー
    - アグネスワールド
    - ビロングトゥミー

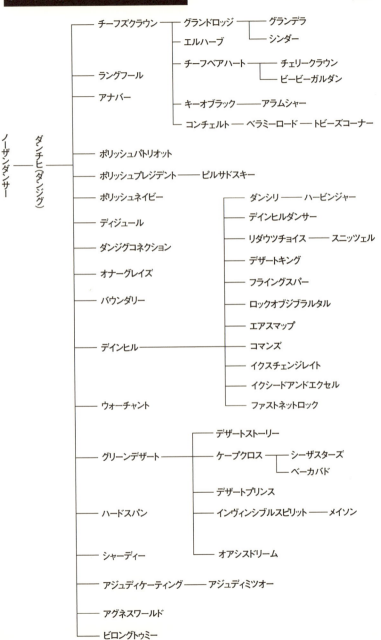

ヴァイスリージェント系・ストームバード系～ノーザンダンサー⑤

- ノーザンダンサー
  - ヴァイスリージェント
    - パークリージェント
    - デピュティミニスター
      - ソルトレイク
      - デヒア
        - モルフェデスペクタ
        - ウォーターリーグ
      - シルヴァーデピュティ
      - フレンチデピュティ
        - ノボジャック
        - クロフネ
          - フサイチリシャール
        - アドマイヤジュピタ
        - エイシンデピュティ
      - オーサムアゲイン
        - ゴーストザッパー
      - タッチゴールド
      - フォレストキャンプ
  - ストームバード
    - ストームキャット
      - ヘネシー
        - コパノフウジン
        - ヨハネスブルグ
          - スキャットダディ
        - ヘニーヒューズ
        - サンライズバッカス
      - ブルーグラスキャット
      - マウンテンキャット
      - フォレストワイルドキャット
        - エーシンフォワード
      - ハーラン
        - ハーランズホリデイ
      - フォレストリー
      - テイルオブザキャット
        - ジオポンティ
        - ライオンハート
      - ハイイールド
      - タバスコキャット
        - スノーリッジ
      - バーンスタイン
        - ゴスホークケン
      - ストーミーアトランティック
      - ジャイアンツコーズウエイ
        - フットステップスインザサンド
        - シャマーダル
        - ジャイアントレッカー
        - カウボーイカル
        - エイシンアポロン
        - スズカコーズウェイ
      - スタテューオブリバティ
      - シーキングザダイヤ
      - ストーミンフィーバー
    - サマースコール
      - カリズマティック
    - スキーキャプテン
    - プリンスオブバーズ
    - ブルーバード

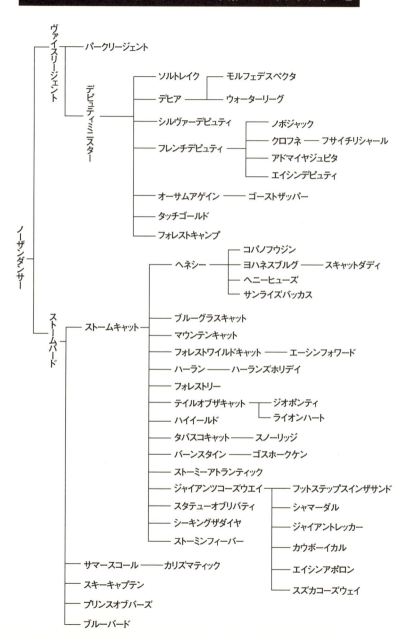

ナスルーラ系

〈ナスルーラ系①～ネヴァーベンド、プリンスリーギフト、レッドゴッドのライン〉

ネヴァーベンドのラインは、直系の種牡馬としてはコンデュイットくらいしか今のＪＲＡでは走っておらず、衰退しています。母の父としても減ってきていますが、見かけた場合は馬力とスタミナが特筆すべき要素となります。

プリンスリーギフトのラインは、昭和40年代後半から50年代前半の日本の主流系統でした。今は細々とサクラユタカオー～サクラバクシンオーのラインが息づいています。スピードの持続力が武器。

レッドゴッドのラインは、直系の種牡馬としてはバゴくらい。欧州のスタミナが本質ですが、スピードが足りない分、ダートでも母の父としてソコソコ走ります。ただ本質が芝だけに、バリバリのダート馬というわけにもいきません。むしろ威力を出すのは、道悪のダートです。

●ネヴァーベンド、プリンスリーギフト、レッドゴッド系の主な現役馬／サウンドアプローズ（父コンデュイット・牡6）、**ナリタスターワン**（父ショウナンカンプ・牡6）、**ブラックバゴ**（父バゴ・牡6）、**ショウナンアエラ**（父ショウナンカンプ・牡4）

ネヴァーベンド系・プリンスリーギフト系・レッドゴッド系〜ナスルーラ①

- ナスルーラ
  - ネヴァーベンド
    - リヴァーマン
      - アイリッシュリヴァー
        - パラダイスクリーク
      - リヴリア
      - ルション
    - ブレイヴェストローマン
      - メイショウホムラ
      - カリスタグローリ
    - ミルリーフ
      - ミルジョージ
      - シャーリーハイツ
        - シェイディハイツ
        - ハイエステイト
          - ハイライズ
        - ダルシャーン
          - コタシャーン
          - ダラカニ
            - コンデュイット
      - マグニテュード
        - ミホノブルボン
      - リファレンスポイント
      - ガルドロワイヤル
      - クリエイター
      - サウスアトランティック
  - プリンスリーギフト
    - テスコボーイ
      - トウショウボーイ
        - ミスターシービー
      - サクラユタカオー
        - サクラバクシンオー
          - ショウナンカンプ
          - グランプリボス
        - エアジハード
  - レッドゴッド
    - ブラッシンググルーム
      - ラナウェイグルーム
        - チェロキーラン
          - ヨナグスカ
      - レインボウクエスト
        - アーミジャー
        - サクラローレル
      - ブラッシンググジョン
      - グルームダンサー
      - マウントリヴァーモア
        - オリエンテイト
        - ハウスバスター
        - ピークスアンドヴァレーズ
      - ラーイ
        - ファンタスティックライト
      - キャンディストライプス
      - ナシュワン
        - スウェイン
        - バゴ
      - クリスタルグリッターズ
        - マチカネフクキタル

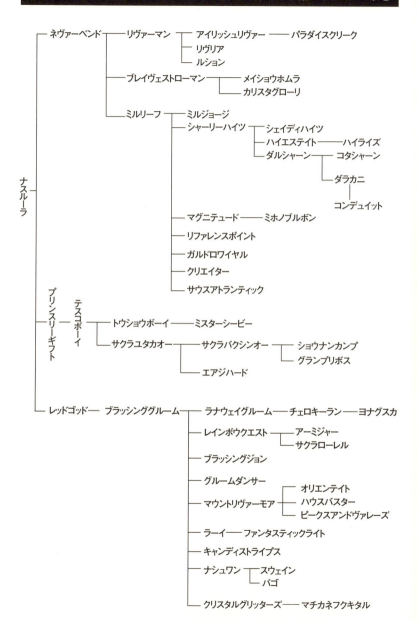

〈ナスルーラ系②～ボールドルーラーのライン、グレイソヴリンのライン〉

ナスルーラ系としては、今のＪＲＡで重要なのはここでしょう。

ボールドルーラーのラインは、エーピーインディの大成功により、今の北米のメインを形成する系統のひとつで、とても息が長い血統。ダートの中距離で抜群の持続力を発揮します。

グレイソヴリンのラインは、ダートもこなしますが、基本はやはり芝。日本ではトニービンを経由した血が主流で、スタミナを伝えています。

またトニービンはとても遺伝力が強いのか、ハーツクライやアドマイヤベガなど、サンデー系の種牡馬の母方に入った場合は、疑似トニービンとして特性を伝えています。つまりハーツクライやアドマイヤベガらの種牡馬は、トニービン系といってもいいくらいということです。

またトニービンの系統も、そしてトニービンを経由しないフォルティノのラインも、いずれもスピード対応に弱いのが欠点です。

●ボールドルーラー、グレイソヴリン系の主な現役馬／インカンテーション（父シニスターミニスター・牡8）、**クインズサターン**（父パイロ・牡5歳）、**レッドゲルニカ**（父カジノドライヴ・牡5）、**モズアトラクション**（父ジャングルポケット・牡4）、**オウケンムーン**（父オウケンブルースリ・牡3）

ボールドルーラー系・グレイソヴリン系～ナスルーラ②

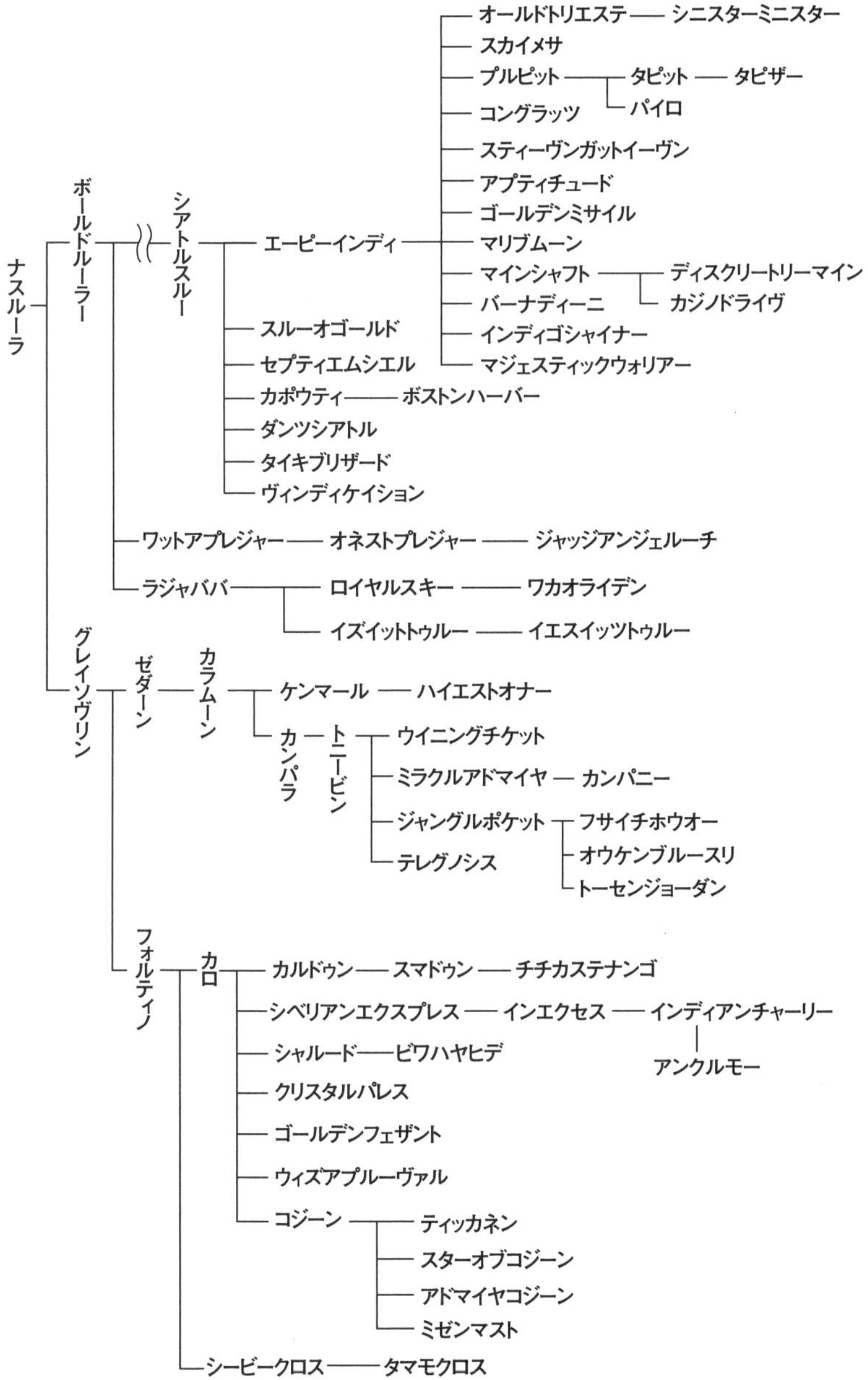

傍系の種牡馬ライン

ここに属するのは、今はかなり希少となってしまったものの、無視できない傍系といわれる種牡馬系です。

プリンスローズ・リボーのラインは、直系はＪＲＡではまず目にしなくなりましたが、３代さかのぼってリボーのラインに属する馬がいた場合は、大舞台で穴をあける可能性があります。爆発力のリボーは昭和40年代、50年代に一世を風靡しました。

テディ系は今も北米でソコソコ活躍しています。ダートに特化。

ハンプトン系は、サッカーボーイ〜ナリタトップロードのラインが母の父として残っています。かなりポテンシャルが高いので、見かけたら注意。

マンノウォーのラインの本尊たるマンノウォーは、20世紀の大競走馬ランキングで上位に入り続けている名馬中の名馬。その威光で？　今もなおＪＲＡにわずかながら影響力を及ぼしています。平坦がベターの系統。

ヒムヤーは３代さかのぼると、ハンプトンの２代前と重なってくる系統。今はダートに特化しています。

ブランドフォード系は、日本では昭和40年代から50年代前半に長距離でブレイクした時期がありましたが、その後はドイツで細々命脈を保っていました。しかし今のＪＲＡでは、ノヴェリストの導入で久々に個体数が増えています。ただ昔ほどのスタミナ、パワーには欠ける印象で、単にスピード不足ながらタフな走りをする種牡馬という印象。

ニアークティック系は、ネアルコを経由するラインは世界の主流系統になりましたが、経由しないラインをこの名称で表しています。ご覧のようにワイルドラッシュの流れくらいしか、ＪＲＡには入っていません。ダートに特化。

ヘロド系は、サラブレッド3大始祖までさかのぼっても、他の系統と交わらないというとても希少な系統。日本では昭和40年代前半以降、パーソロンという大物種牡馬の力で大ブームが起きていました。今は母方に入って命脈を保っています。基本はスタミナ。道悪はとてもうまい系統でした。

●傍系の主な現役馬／カフジナイサー（父ワイルドラッシュ・牡5）、**ベストマッチョ**（父マッチョウノ・せん5）、**テイエムチェロキー**（父トランセンド・牡4）、**メイショウテンセイ**（父カルストンライトオ・牡4）、**シュバルツリッター**（父ノヴェリスト・牡3）

プリンスローズ系・リボー系

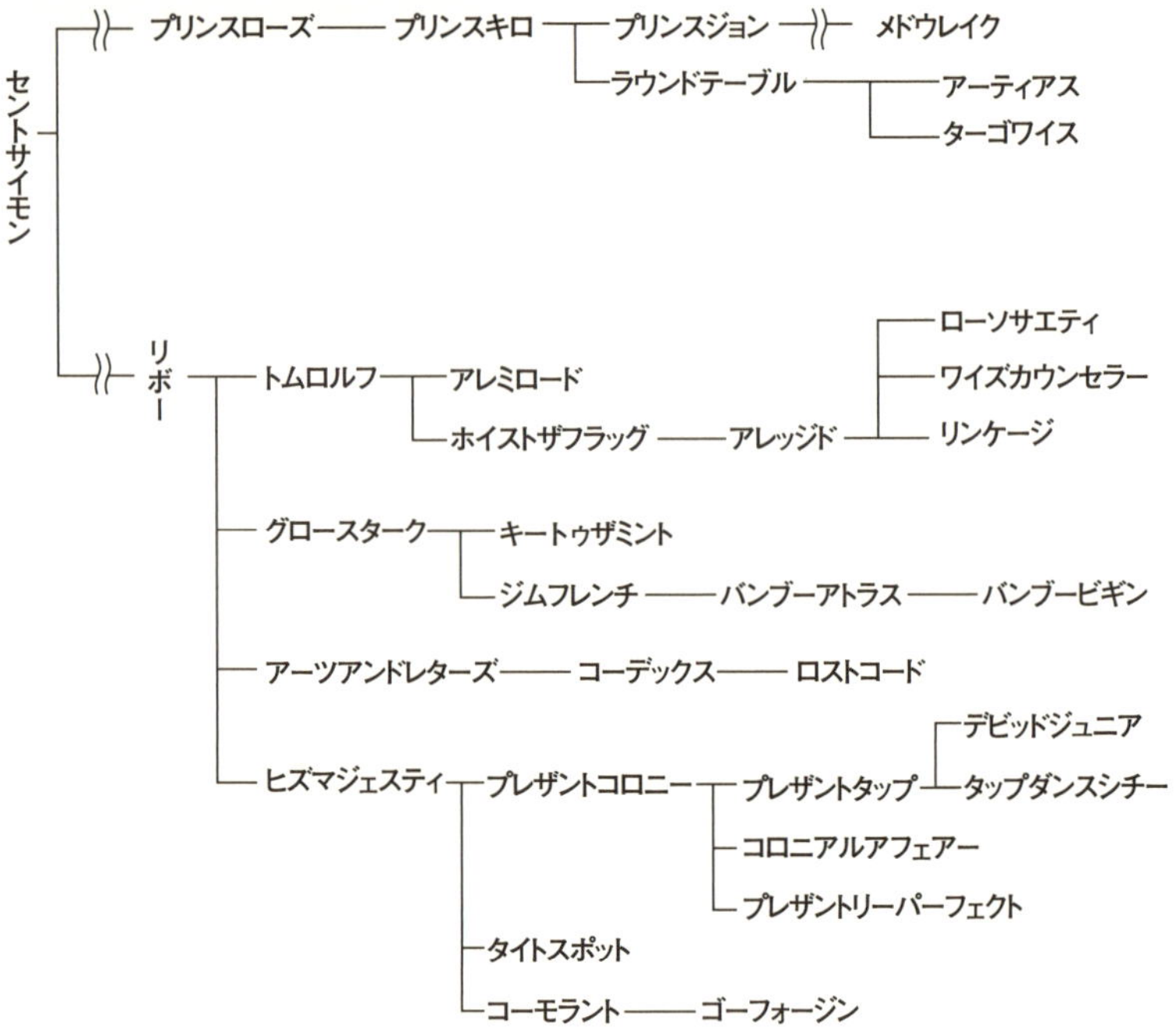

テディ系

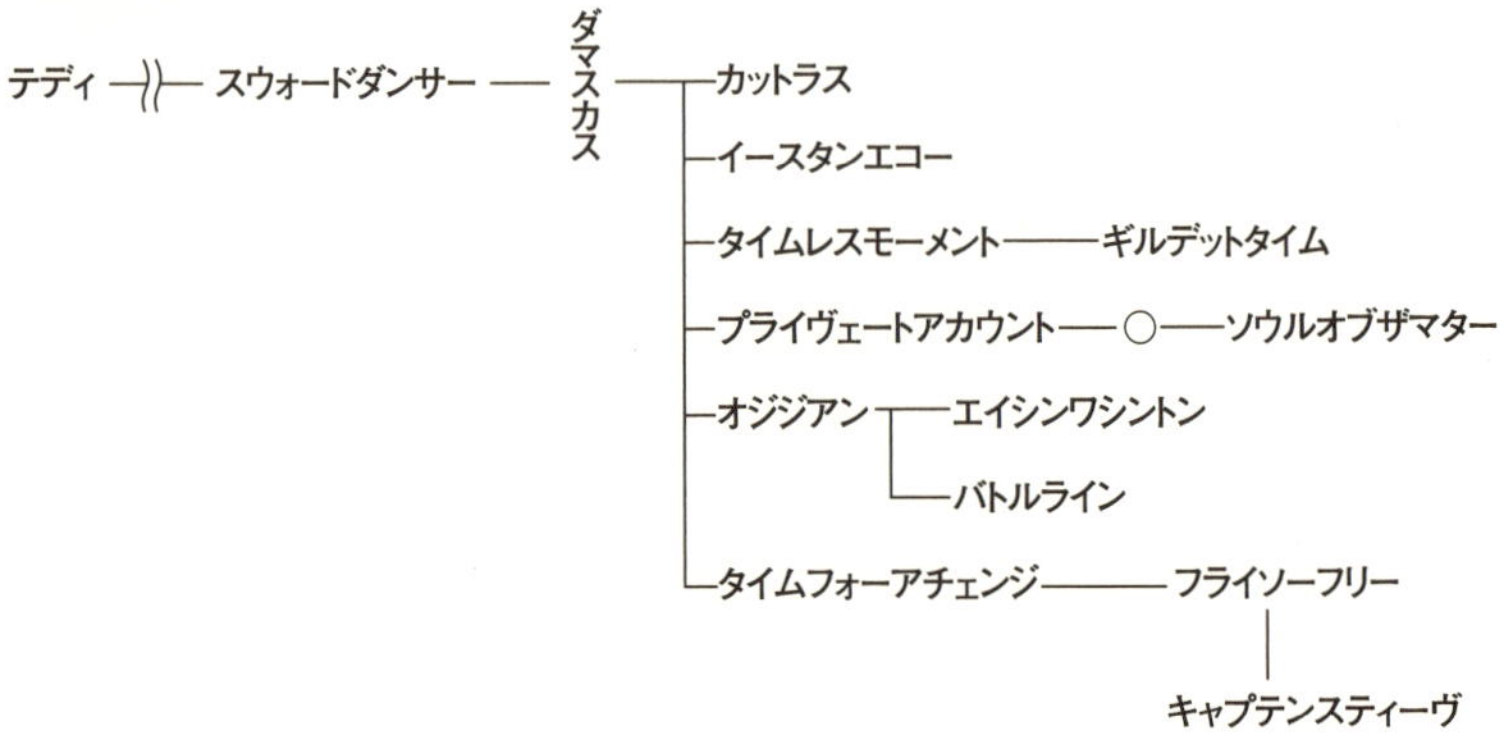

ハンプトン系

- ハンプトン ― ベイロナルド
  - エルバジェ
    - シーホーク ― アイネスフウジン
    - グレイドーン ― モーニングフローリック ― バンブーメモリー
  - ゲインズボロー
    - ファイントップ ― ○ ― ディクタス ― サッカーボーイ
      - ナリタトップロード
      - ヒシミラクル
    - ハイペリオン
      - テュデナム ― ホスピタリティ
      - チャイナロック
        - タケシバオー
        - ハイセイコー
      - セントクレスピン ― タイテエム
      - インターメゾ ― グリーングラス
      - フォルリーポッセ ― シェリフズスター
        - セイウンスカイ
  - アルヒミスト ― ズルム ― アカテナンゴ ― ランド

マンノウォー系

ヴァリッドアピール
ウォーニング
オナーアンドグローリー
オフィサー
カルストンライトオ
サクセスフルアピール
ディクタット
ティズナウ
トーヨーリファール

ヒムヤー系

クリムズンサタン
ノボトゥルー
ブロードブラッシュ
ホーリーブル
マッチョウノ

ブランドフォード系

モンズン
ノヴェリスト

ニアークティック系

ワイルドラッシュ
トランセンド
パーソナルラッシュ

ヘロド系

アルカング
インディアンリッジ
ウインザーノット
シンボリルドルフ
トウカイテイオー
ドクターデヴィアス
ノーリュート
ビゼンニシキ
メジロマックイーン

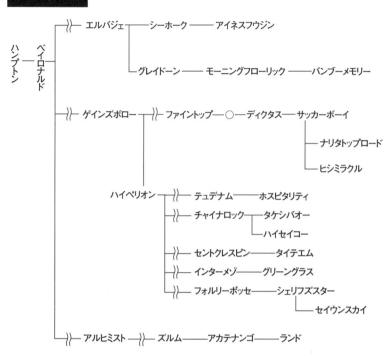

あとがき

今回は、過去5年続けてきた、種牡馬事典スタイルのデータブックに大きな変更を加えました。

この変更に踏み切った理由のひとつには、経済活動偏重が生産に影響を与えていて、当然ながら、それが種牡馬成績にも及んでいるという状況が強まっているという背景もあります。

クラシック馬を出せる一部の種牡馬への一極集中は昔からのことですが、近年はＪＲＡが馬主の早期資金回収のために2歳戦、特にオープン、重賞の番組を肥大させ、馬の早期育成を促進することになりました。

その結果、一部のクラシック御用達の大人気種牡馬と、晩成タイプあるいは、ダート適性の高い多くのマイナー種牡馬（マイナー血統という意味ではない）に二分されてしまい、その格差がどんどん拡大していくという状況です。

この促成化は、２０１９年に予定されている降級制度廃止によって、さらに加速する可能性もあります（以前は降級で賞金を獲得できるチャンスがあったのに、それが消滅するので、その前に回収したいと考えるのは自明の理でしょう）。

この状況が続くと、気の短い日本競馬において、マイナー種牡馬は近い将来淘汰されてしまうでしょう。しかし、我々馬券ファンからすると、このマイナー種牡馬こそが得がたい存在。マイナー化してから数年間は、恩恵にあずかることが多くなるのです。

もちろん、そうした種牡馬の産駒が大レースを勝つ可能性は低いのですが、下級条件やローカルにおいて、人気をはるかに超えた激走をする。

さらにそうした種牡馬の産駒は価格も安めになることが多いので、中小の個人馬主の支えとなるわけです。これは、経済的格差のために常に苦境に立たせられてきた、日高の生産界を向上させることにもつながります。

ところが、今の競馬界では、こうした下級条件御用達種牡馬は、大レースを勝てないことで「失敗」という烙印を押されてしまうのです。決して種牡馬として劣悪なわけではなく、時世に合わないというだけで否定されてしまう傾向が固定化してしまいました。

ならば、せめてそうした種牡馬の産駒が走る瞬間を捕まえて、馬券を買うことで支持したい。彼らが「お宝種牡馬」として輝くときを見逃さなければ、我々は潤うし、彼らの存在価値を知ることにもなります。

もちろん、そんなことでこの趨勢は変わらないと思いますが、競馬が血を紡ぐことで成り立っているからには、やれディープだ、キンカメだ、ハーツだ、カナロアだといった大メジャー種牡馬以外の存在を認める姿勢を忘れてはならないし、皆さんにもそうあってほしいと、強く思う次第です。

なお最後に、データチェックと「血統絞り出しメーター」の作成、コメントを担当した競馬ライターの野中香良氏、デザインを担当した橋元浩明氏、編集を担当したKKベストセラーズ・平子保雄氏、そして読者の皆様に、心より御礼申し上げます。

2017年　3月1日　水上　学

水上 学（みずかみ まなぶ）
1963年千葉県出身。東京大学文学部卒。ラジオ番組ディレクターを経て、競馬ライターに。フジテレビONE「競馬予想TV!」レギュラー出演。ラジオ日本「競馬実況中継」（土曜日午後解説）。月刊誌「競馬最強の法則」に長期連載中。近著に『種牡馬戦略SUPERハンドブック』『競馬攻略カレンダー』シリーズ（弊社刊）。
また、翌日の厳選レース予想をサイト「競馬放送局」（kei-v.com）で有料配信中。
無料競馬サイト「競馬Lab」（http:pc.keibalab.jp/）で翌日の注目馬（金・土曜夜9時頃更新）と、レース回顧コラム（火曜更新）配信中。個人HP「水上学と絶叫する会」（携帯サイトあり）。詳細は
http://www.mizukamimanabu.net/pc/
・ブログURL
http://mizukami-manabu.cocolog-nifty.com/

血《けっ》統《とう》力《りょく》絞《しぼ》り出《だ》し! 種《しゅ》牡《ぼ》馬《ば》秘《ひ》宝《ほう》館《かん》

2018年4月20日　初版第一刷発行

著者◎水上《みずかみ》　学《まなぶ》

発行者◎塚原浩和
発行所◎KKベストセラーズ
〒170−8457　東京都豊島区南大塚2丁目29番7号
電　話　03−5976−9121（代表）

印　刷◎近代美術
製　本◎積信堂

ISBN978−4−584−13859−5　C0075